O QUE VALE A PENA... 2

O QUE VALE A PENA... 2

A sabedoria de quem viveu 100 anos

tradução
Danielle Cordeiro Soares

Alegro

NEENAH ELLIS

Do original
If I live to be 100

Tradução autorizada do idioma inglês da edição publicada por
Crown Publishers, Inc. — Random House, Inc.

Copidesque
Edna Cavalcanti

Editoração Eletrônica
DTPhoenix Editorial

Revisão Gráfica
Gustavo Inúbia

Projeto Gráfico
Editora Campus Ltda.
A Qualidade da Informação
Rua Sete de Setembro, 111 — 16º andar
20050-002 — Rio de Janeiro — RJ — Brasil
Telefone: (21) 3970-9300 Fax (21) 2507-1991
E-mail: info@campus.com.br
Filial Campus: Rua Elvira Ferraz, 198
04552-040 — Vila Olímpia — São Paulo — SP
Telefone: (11) 3845-8555

ISBN 85-871-2244-4
(Edição original: ISBN 0-609-60842-8)

CIP-Brasil. Catalogação-na-fonte.
Sindicato Nacional dos Editores de Livros, RJ

E43o Ellis, Neenah
O que vale a pena... 2: a sabedoria de quem viveu 100 anos / Neenah Ellis; tradução de Danielle Cordeiro Soares Marins. — Rio de Janeiro: Campus, 2003.

Tradução de: If I live to be 100
ISBN: 85-871-2244-4

1. Centenários — Estados Unidos — Entrevistas. I. Título.

CDD – 305.26
03-0465 CDU – 316.346.32-053.9

---

03 04 05 06 5 4 3 2 1

A meus maravilhosos pais,
Bee e Jen Ellis

Agradecimentos

A memória é evasiva e pouco confiável. Gravei as minhas entrevistas com todos os centenários, mas não pude registrar todos os momentos em fita e às vezes era melhor sentar e ouvir. Consegui checar alguns fatos e algumas datas, mas, na maioria das vezes, relatei as histórias de acordo com as lembranças deles.

Não verifiquei as idades, também, e tenho motivos para duvidar da idade de alguns, mas o que são alguns meses quando se viveu tanto tempo?

Tenho de agradecer a muitas pessoas pela ajuda. Primeiro, Stephanie Jenz, que além de sugerir o projeto no rádio e me ajudar a encontrar entrevistados, tem um julgamento preciso, e um jeito carinhoso com os centenários, famílias e amigos.

Além dos já mencionados, eu gostaria de agradecer a Edward Merritt, Helen Catchings, Bill Lyons, Freddie e Lilli Wilmot, Zane Berzins, Susan Stamberg, Margaret e Tom West, Joan Uchitelle, Kenneth Hill, Irene Thornton, Polly Pettit, Tonja Stamper, Reverendo Richard Ziglar, Don e Janet Boardman, Paul Bridges, Mike Maxwell, Dave Knego, Tish Valva, Margaret Howze, Edie e Randy Crowder e Marion Brodarick, por me enviarem recortes de jornais e me apresentarem aos entrevistados.

A série para rádio "100 Anos de Histórias" foi financiada pela Corporation for Public Broadcasting. Obrigada, Rick Madden e Jeff Ramirez.

Obrigada ao pessoal do programa *Morning Edition*, na National Public Radio, principalmente Neva Grant, Ellen McDonnell, Jeffrey Katz e Andrea Seabrook. E obrigada também a Flawn Williams, extraordinário engenheiro de som e um bom amigo.

Obrigada, Katie Davis, Freya Manfred e Joan Ringelheim por lerem os originais com tanto cuidado. Jonathon Lazear e Steve Ross foram incansáveis incentivadores e Annik LaFarge chegou quando meu ânimo se esvaneceu e me levantou como uma pipa em brisa fresca.

E a meu mais doce amigo e marido, Noah Adams, obrigada por tudo, para sempre.

Sumário

Introdução

Abro meus olhos para a luz do dia na barraca. Seis e meia. Claro que Anna não deve ter se levantado ainda. Corro os olhos pelos pinheiros até o lago e procuro por ela.

É a manhã do aniversário de Anna e minha barraca está montada a poucos metros da janela do quarto dela. Ela gostou da idéia de eu acampar aqui; aguçou-lhe o senso de aventura. Ela gosta de diversão, mas não de tolice. Quando fiz a solicitação ontem à noite, pensou por um segundo antes de responder:

— Sim, tudo bem. Está tudo bem.

Havia sido um longo dia. Cheguei à casa dela no oeste de Massachusetts por volta de meio-dia e a cabana já estava cheia de visitantes; o telefone tocava, Anna e o filho, Freddie, cumprimentavam a todos no meio do tumulto.

— Ei, você veio! — Segurou a porta de tela para mim. Entreguei logo o presente a ela.

— Nossa! Não precisava! — Eu havia levado champanhe.

— Vamos abrir agora? — E Anna respondeu:

— Não, espere, vou guardar para mais tarde. Entre e fique à vontade.

Ela me levou até a sala, clara com a luz de agosto, fresca por causa da brisa.

— Venha ver o que ganhei — disse ela, indo em direção à varanda. Na mesa em um dos cantos havia um vaso de rosas vermelhas com longos talos. As flores eram mais altas do que Anna e ocupavam 1,20m de largura.

— Adivinhe quantas? — ela perguntou, como se eu não soubesse. — Cento e três. — Veio em minha direção para dar ênfase. — Uma para cada ano. — O sorriso dela parecia saber de coisas que eu nem poderia imaginar.

Anna Wilmot nasceu em 1898.

Chegou mais gente e ela correu para receber. Vizinhos, parentes e amigos de longa data levaram filhos, cartões de aniversário e presentes. Alguns tiraram folga no trabalho para vir até aqui. Uma menininha de seis anos deu a Anna um balde cheio de presentes: lápis, adesivos, uma conchinha, uma página pintada a mão, arrancada de um livro de pintura, e um cartão feito por ela mesma. Uma jovem a caminho da universidade estava com pressa, mas disse que *precisava* passar lá. Anna conhecia a história de todos; perguntou sobre familiares, quis saber as novidades. Abraçou cada um, leu cartões em voz alta e os fez correr de mão em mão para que todos admirassem.

— Este é muito bonito! — dizia ela de vez em quando.

Pouco depois, Anna e todos os convidados saíram para ir até a casa de um vizinho, perto dali. Anna confiava no cabo de uma pá quebrada para apoiar seu andar vacilante. Mais gente estava esperando por ela no terreno do vizinho, perto do lago, para desejar-lhe um feliz aniversário.

Passamos a tarde lá. Havia vinho, refrigerantes, cachorro-quente, saladas e, finalmente, um bolo com calda de chocolate onde estava escrito: CONTINUE REMANDO.

Voltamos para a casa de Anna mais tarde, conversamos a respeito das histórias que ouvimos e, às 20:45, Anna anunciou: "Estou morta!" E foi dormir.

São oito horas da manhã seguinte, eu saio do saco de dormir e alcanço o zíper da barraca. Ao tirar o cabelo do rosto, vejo o barco verde no lago; ela rema, movendo-se continuamente na água prateada, voltando para a margem. Já está saindo da água. Atravesso as árvores até a beira e ela vem em minha direção.

— Ei, você já acordou! — exclama.

Eu não havia pedido para acompanhar Anna aquela manhã. Ela me levara para um passeio de barco em minha visita algumas semanas antes, mas não me levaria de manhã cedo. "É muito frio para você", ela me disse. (Era 1º de agosto, verão.) Anna preserva seu momento de solidão, então saiu de manhã cedo, sozinha, mas também no meio do dia, comigo. Carreguei os remos pela vereda desde a casa e ela me seguia, apoiando-se em uma cerca de madeira. Ela sofre de artrite nos joelhos, e gemia a cada passo.

— Temos de nos esforçar, sabe? — ela disse.

Há um nome pintado em preto na lateral do barco de fundo achatado: VOVÓ ANNIE. Estava flutuando amarrado a uma árvore. Ela mandou que eu me sentasse na popa. Então colocou os remos no barco e, apoiando-se na borda, pôs devagar um pé, depois o outro, dentro do barco. Eu ajudei a encaixar os remos assim que ela se sentou. Anna segurou com firmeza e remou com força, mas o fundo encostava no leito. Nós duas juntas demos impulso na direção oposta à margem e o barco se desprendeu. Ela remava com calma e confiança, em movimentos curtos, se afastando da margem e indo para o meio do lago. Sentamo-nos joelho a joelho. Senti-me feliz, mas inútil. Ela me deu o papel de navegadora.

— Estou indo para a ilha?

— Diretamente — respondi.

— Está vendo o fundo? É bem raso aqui.

Eu via.

— Pode mergulhar se quiser. Tire a roupa e mergulhe. Aproveite, por que não? — Anna riu, mas falou a sério. Eu sei que ela já havia feito isso.

Sempre achei que viveria até os 100 anos. Quando eu tinha oito anos, uma menina que morava perto de nós, no interior de Indiana, me mostrou a linha da vida em minha mão e me disse que uma linha comprida significava uma vida longa. Acreditei nela porque era dois anos mais velha do que eu e tinha discos dos Beatles. Então fiquei no quintal da casa dela, perto do balanço, seguindo todas as linhas da palma da minha mão.

Mais ou menos na mesma época, em uma feira da Newton Yost Elementary School, uma cigana confirmou minhas descobertas. Mesmo quando descobri que aquela era, na realidade, a professora do meu irmão, que estava no 4º ano, a Sra. Renfro, de brinco de argolas, e não uma cigana de verdade, não desanimei. Ela era uma professora de verdade e não mentiria.

Já adulta, tenho novos motivos para crer nisso. Minha avó tem 99 anos. Desde a minha infância, ela sempre nos dizia que não ia viver muito, mas já está no segundo marcapasso. O fato de ser cega de uma vista e de sempre esquecer qual remédio tomar não importa. Está decidida e vai "chegar lá". Mas só recentemente comecei a pensar em como seria minha vida aos 100 anos.

Em 1997, tive permissão da Corporation for Public Broadcasting para fazer uma série para rádio, contando histórias do século XX. Tive a idéia de entrevistar pessoas de 100 anos — centenários — e perguntar sobre o passado. Algumas contaram histórias tão vívidas que me senti transportada para a época. Outras queriam falar sobre o trabalho, ou sobre os filhos, ou sobre pais ou cônjuges, há muito mortos, ou ainda sobre Deus, que estava bem vivo. Sentei-me com eles por horas e às vezes dias a fio. Nossas conversas tornaram-se a base de uma série para o programa *Morning Edition*, da National Public Radio, no ano 2000, chamada "100 Anos de História".

Mas, depois de algum tempo, por mais que eu adorasse as histórias, queria saber sobre a vida atual deles. A maior parte dos centenários era modelo de perseverança e pensamento positivo, tinham mentes e corações abertos, eram curiosos, generosos e divertidos.

Eu estava lidando com um grupo demográfico que não sabia que existia: pessoas de 100 anos que, ao contrário da maioria das pessoas nesta idade, não sofriam de demência, nunca haviam tido uma doença mais grave e continuavam ligadas ao mundo.

Conforme eu ouvia aquelas histórias de vida, percebi que me havia sido dada a chance de escolher meu próprio futuro, como Ebenezer Scrooge, o famoso personagem de Dickens. Ao comparar a minha vida com a vida delas, tive uma visão melhor do rumo que eu poderia seguir. Sempre senti como se minha vida fosse uma folha nas águas de um rio, em um curso que parecia inalterável, mas, de repente, com pouco mais de 40 anos, senti a necessidade de fazer mais escolhas: eu podia decidir que tipo de pessoa idosa queria ser.

Onde vou morar? Que trabalho vou fazer? Serei solitária? Serei uma boa companhia para meu marido idoso? Nunca terei filhos? Como posso ser uma irmã melhor, mesmo a distância? Amiga dos amigos nas horas de perda? Como manter a natureza em minha vida? Como permanecer saudável?

Então, em vez de perguntar sobre o passado, tentei aprender o que fazia a vida dos centenários valer tanto a pena.

Nas minhas primeiras conversas com eles, estava concentrada demais nos problemas físicos, sempre com pressa, procurando fatos e não a verdade. Eu tinha vergonha de perguntar sobre sexo, medo de perguntar sobre a morte, e achei que não poderia ser tão direta, perguntando: "Qual é o sentido da vida?" Além disso, me sentia desconfortável quando ocorriam longos períodos de silêncio.

Mas eu melhorei. E quando tentei colocar o que tinha aprendido com os centenários nessas histórias mensais de nove minutos no rádio, percebi que não teria as respostas que queria ao fazer perguntas, mas as teria ao esperar.

No ensaio "Tell Me More: On the Fine Art of Listening" (Conta Mais: A Arte de Ouvir), Brenda Ueland descreve a recompensa de ser um ouvinte paciente:

> De repente, começamos a ouvir não só o que as pessoas dizem, mas o que estão tentando dizer, e percebemos qual é a verdade delas. E sentimos a existência, não em etapas, não deste objeto ou daquele, mas em um todo translúcido.

Os centenários são, a seu modo, misteriosos como crianças, cheios de promessas e surpresas, mesmo que às vezes confusos. Usam expressões engraçadas e arcaicas, têm fortes sotaques regionais e os corpos velhos têm uma linguagem diferente também. Adoro ver como se vestem, o que comem, o que acham engraçado.

Sinto-me à vontade com eles fisicamente. Gosto de quando querem segurar a minha mão e chegar mais perto porque não vêem ou ouvem. Gosto do toque da pele deles e do modo como os olhos se iluminam. Adoro ver mulheres de 100 anos usando batom.

Há um brilho, um magnetismo, uma vibração que sinto quando estou com eles. A proximidade me faz sentir uma profunda conexão e aprendi uma explicação científica para isso. Alguns chamam "ressonância límbica" a habilidade inata de mamíferos sentirem o estado emocional do outro. É uma fonte primária de felicidade humana. Saber disso me ajudou a diminuir o ritmo e a ficar à vontade com o silêncio, a recebê-lo bem.

Foi assim que aprendi a ouvir.

1

Victoria Williams

"Vocês se divertem tanto agora."

Victoria Williams, aos 106 anos de idade, tinha o tamanho de uma menina de doze. Trouxeram-na a mim em uma cadeira de rodas. No assento, ao lado dela, estava uma bolsa preta de vinil, a alça, rígida, perto do ombro. Os lábios eram mantidos bem fechados. Ela estava zangada.

A enfermeira que empurrava a cadeira virou os olhos ao se aproximar de mim na sala de visitas e disse em voz baixa que havia sido uma manhã difícil.

— Srta. Williams, quer um biscoito? — perguntou ela, vindo para a frente da cadeira.

— Quero café — respondeu Victoria Williams, alto. A mulher saiu sem nos apresentar.

— Bom dia — cumprimentei em minha voz mais animada. Victoria Williams me olhou sem nenhuma expressão. Inclinei-me em direção a ela. Havia um leve odor de urina.

— Sou a repórter que veio entrevistar a senhora.

— Entrevistar?

— Para o rádio. Eu só quero fazer umas perguntas sobre a sua vida.

Victoria Williams foi a primeira pessoa centenária com quem me encontrei. Eu havia me candidatado para entrevistar centenários para a Corporation for Public Broadcasting e precisava gravar uma simples fita cassete para dar à direção uma idéia de como seria a minha série no rádio. Eu tinha pressa, o prazo estava acabando.

Telefonei para o Washington Center for Aging Services, um grande lar para idosos na parte nordeste da cidade de Washington. Não é o tipo do lugar que eu escolheria para morar. As ajudantes pareciam cuidadosas, mas bastante impotentes. Fui levada para um salão onde os residentes ficavam sentados em silêncio, alguns assistindo à televisão, outros em estupor.

Não me surpreendi ao me ver lá para a primeira entrevista. Encaixava-se em meus estereótipos, e pensei: "É o que acontece quando se fica velho e não se tem para onde ir." Eu esperava ver mais lugares como esse. Também esperava, naquele momento, que a maioria dos centenários fosse como Victoria Williams.

A pele da face era suave, brilhante e firme. Ela projetava a mandíbula, empurrando a dentadura para frente e para trás, me examinando, afastando a atenção da briga com a ajudante, seja lá qual tenha sido a causa.

— Seu café, Srta. Williams. — A ajudante voltou com um copo de isopor fumegante e dois biscoitos de chocolate em um guardanapo. Evidentemente, era um sinal de paz, e foi aceito.

Com os cotovelos nos descansos de braço e os dedos escuros e ossudos envolvendo delicadamente o copo, Victoria Williams aproximou o café do nariz, inalando o vapor.

— Minha mãe e meu pai morreram e tivemos de trabalhar — ela começou abruptamente, sem levantar os olhos.

— Foi trabalhar após a morte deles?

— Meio período? Não! Não trabalhávamos em meio período, trabalhávamos fosse dia ou fosse noite.

Eu me aproximei do ouvido direito dela, para que me ouvisse melhor.

Ela tomou um gole no café, fazendo barulho, e disse que estava quente. Então prosseguiu:

— Trabalhávamos o tempo todo. Não tínhamos onde ficar nem como pagar aluguel. Não! Trabalhávamos e ficávamos no local de trabalho.

Ela colocou a ponta do biscoito entre os dentes e tirou um pedaço, mastigando e falando, sem olhar para mim.

— Vocês se divertem tanto agora.

Não entendi bem o que ela quis dizer.

— Acha que as pessoas se divertem mais agora?

— É, todos vocês se divertem muito, criticando e tomando café que outra pessoa fez e deu para vocês. Vocês não fazem e não nos dão nada. Nós tínhamos que fazer o nosso.

— Srta. Williams, se lembra de quando era pequena?

— Pequena.

— Lembra-se?

— O quê?

— De quando era pequena. Lembra-se?

— Sim — ela arrastou a palavra e sorriu.

— Como eram as coisas quando era pequena?

— Conhecíamos muitas crianças em nossa época — disse.

— Não, quero dizer quando a senhora era pequena.

— Eu estava na escola. Havia muitas crianças.

— Que escola freqüentou?

— Onde quer que mamãe trabalhasse, se não fosse muito longe para ir a pé, íamos à escola.

— Iam a pé para a escola?

— Sim. Os professores eram gentis conosco também. Não havia professores ruins.

— O que fazia na escola, o que estudava?

— Estudei tudo, me formei. Mmm-hmm. Os professores eram gentis conosco.

Logo ficou bem claro que Victoria Williams só era capaz de contar uma história sobre si mesma, e sempre repetia, como se fosse uma fita em sua mente: havia terminado a escola, foi ao Hampton Institute, na

Virginia, uma das primeiras universidades negras, e foi dar aulas. Conseguiu o emprego porque foi bastante recomendada. As pessoas respeitavam os pais dela, que eram honestos e trabalhadores, então ela tinha "bons antecedentes" e arranjava bons empregos. Ela continuava repetindo partes dessa história, não importava o que eu perguntasse. Freqüentemente, se lembrava de trechos de conversas, e falava interpretando as duas partes.

— De onde era o seu pai? — perguntei.

— O filho do meu pai?

— Não, de onde ele era?

— Quando ele...

— Onde ele nasceu?

— Onde? Esqueci. Meu pai nasceu em algum lugar de Nova York ou de Nova Jersey. Minha mãe era professora. Ela cozinhava e lavava e passava e dava aulas, também, então ela tinha boas recomendações.

— Sabe onde sua mãe nasceu?

— Sim! Ela nasceu na Carolina do Norte.

— E onde você nasceu?

— Carolina do Norte.

— Em que cidade?

— Perto do Hampton Institute. Era o hospital que as pessoas freqüentavam. As pessoas não tinham bebês na rua. Os bebês nasciam no hospital, com um médico, e quando o bebê nascia, o médico dizia: "Era uma criança saudável", e levavam você direto para a escola. Então você recebia o apoio para ir em frente. É. E então tinha outra professora e ia muito bem. "Bom, onde você aprendeu isso?" "Aprendi nessa e nessa escola." "Ah, você foi a mais de uma escola?" "Sim, eu fui!"

Cerca de uma hora depois, comecei a me sentir frustrada, e decidi que não era possível manter uma troca de idéias com Victoria Williams. Não haveria histórias do início do século, apenas fragmentos de lembranças que eu não tinha esperanças de colocar no contexto. Eu só iria tentar anotar umas frases significativas e iria embora. Por sorte, no entanto, a enfermeira estava presente e tinha mais paciência do que eu.

— Em sua infância, quando era pequena, ouvia muitas histórias sobre a escravidão? — perguntou à Srta. Williams.

— Não sabíamos muito sobre a escravidão. Aprendemos sobre o quinhão do negro na universidade. Na verdade, estávamos acima disso! Sim. Mmm-hmm. Ele tinha que estar na faculdade ou ter terminado. Ele não pode estar na rua. Não pode ensinar nada a ele na rua. Pode ajudar depois que ele entrar na faculdade.

Em minha surda impaciência, não percebi a riqueza dessa pergunta e mudei de assunto.

— Srta. Williams, lembra-se de quando veio para Washington?

Depois de algumas horas, me despedi. A entrevista foi praticamente um fracasso. Eu não tinha histórias coerentes e apenas uma vaga idéia de como havia sido a vida dela.

Alguns dias depois, entrevistei outra senhora, que acabara de completar 100 anos.

“Rochelle” tinha um pequeno e claro apartamento em uma residência para idosos. Era bem-humorada e mandona, mas doce também, e estava um pouco avoada no dia que a conheci. Ela presumiu que sabia as perguntas que eu faria e insistiu em me dizer por que havia vivido tanto.

— Desde que eu era pequena, atraio muitas pessoas e isso ainda acontece. Quando desço pra jantar — não estou me gabando, estou dizendo a verdade — há uma fila para falar comigo. Juro por Deus, não estou mentindo. As pessoas admiram quem chega aos 100 anos, mas as pessoas *sempre* se sentiram atraídas por mim. É uma coisa de que posso me gabar. Eu sempre tive amigos.

Ela parecia nervosa e impaciente, e queria terminar logo com aquilo. Dei uma olhada rápida em uma lista de perguntas que eu havia preparado, em um esforço para fazer uma entrevista melhor do que a de Victoria Williams. As perguntas envolviam a maior parte dos fatos históricos do século XX. Mas Rochelle tinha lembranças confusas para algumas coisas; não se lembrava da diferença entre a Primeira e a Segunda Guerras Mundiais.

— Agora estou confusa — disse ela, as mãos nervosas sobre o colo, mas logo se lembrou do término da Primeira Guerra Mundial. Morava em Nova York na época. — Me lembro da animação. As pessoas foram para as ruas, estavam tão felizes! Estavam tão felizes!

Os olhos de repente se encheram de lágrimas.

— Fico com os olhos marejados. *Disso* me lembro com clareza. Eu era casada na época. Lembro-me da comemoração quando a guerra acabou.

Ela me surpreendeu. Em um momento parecia dispersa e confusa, no outro, chorava. Eu não sabia o que fazer.

— Conte sobre seu marido — pedi.

— Ah, é uma história que cabe em si. Não há muito o que contar. Eu me apaixonei por causa do beijo dele. Eu me apaixonei imediatamente; nada mais importava. E agora, em minha velhice, eu faço uma avaliação de tudo.

Ela se inclinou para frente, como quem conspira, e balbuciou a palavra "nada".

Inclinou-se para trás e fez uma pausa.

— Prefiro que não escreva sobre o meu marido, apesar de eu tê-lo amado. Era apenas uma atração física, mas éramos muito felizes. Tivemos dois filhos lindos.

Eu não imaginaria contar uma coisa dessas a uma estranha. Eu estava lá havia menos de 20 minutos. Acho que parte dela estava chateada, e acabou falando demais.

— Minha mente está indo embora. Eu sinto. Não sei o que acontece. Fico confusa. Eu não sei o que faço metade do tempo — disse Rochelle.

Rochelle sabia que estava perdendo o controle e por isso se agitou durante a conversa com uma estranha. As paredes do apartamento eram cobertas de fotografias de filhos, netos e bisnetos, e fiquei feliz em saber que estava cercada por pessoas que a amavam, que conheciam a história dela, que não se importavam se ela sabia a diferença entre as duas grandes guerras ou não. Minha presença era um lembrete de que ela havia mudado e eu a deixei inquieta.

Desses dois primeiros encontros, aprendi a ser mais paciente, a não me preocupar tanto com o tempo. Mas com essas duas entrevistas completei a fita de demonstração para apresentar o projeto. Escolhi uma peça de piano de Scott Joplin e editei a fita, tentando diminuir as faltas de continuidade.

Ganhei a aprovação da rádio. Prometi entrevistar 20 centenários em todo o país, mas precisaria de uma estratégia melhor, e tinha de conseguir que me contassem histórias em vez de frases soltas. Eu sabia como, vinha fazendo isso havia 20 anos, mas nunca com pessoas com tantas dificuldades. A senilidade, especialmente, era um novo fator e eu sabia que a encontraria com freqüência.

Eu tinha de reaprender o que sabia a respeito das técnicas de entrevista para poder editar as entrevistas de um modo que desse coerência às palavras dos centenários sem, no entanto, eliminar os sinais do estado mental deles.

A fita demo ficou bastante agradável, mas deixei uma pista da desorganização mental de Victoria Williams.

— Srta. Williams, vejo que está com sua bolsa.

— Sim, levo para todos os lugares. Tem minha carteira de motorista e outras coisas. Posso precisar.

— Ainda dirige?

— Sim. E se alguém dissesse: "Tem carteira de motorista?"... Sim, eu tenho.

— Ainda tem carro?

— Sim, tenho um carro. Mmm-hmm.

— *Tinha* um carro.

— Eu *tenho* um carro, mas não preciso dele, então deixo para a minha mãe dirigir.

2

Ella Miller

"Todos beberam água... e era boa."

Dois anos se passaram. Arrumei um emprego em tempo integral na NPR e tive de colocar o projeto dos centenários em espera, mas um amigo ligou, dizendo que havia ouvido falar de uma mulher que vivia na região e dizia ter 117 anos.

O Presidente Clinton fala no rádio enquanto me dirijo até ela. Está respondendo a perguntas de advogados sobre Monica Lewinsky e fico atenta. No início da minha carreira, era apresentadora, repórter e depois fui produtora do programa *All Things Considered* na NPR. Então, quando grandes coisas aconteciam, eu podia fazer algo a respeito: escrever roteiros, dar telefonemas, editar fitas de áudio. Era como fazer parte da História, de um modo periférico. Agora faço um trabalho de jornalismo que não tem prazos diários, mas a adrenalina é a mesma quando a notícia é quente. Hoje é um desses dias quentes em notícias. Terei de colocar em minha lista dos grandes acontecimentos do século.

Tenho uma entrevista marcada com uma mulher de 117 anos e, ao desligar o rádio do carro e me dirigir para a calçada da casa dela, tenho a impressão de que estou andando em direção ao passado.

Vou conhecer a Sra. Ella Miller. Um artigo no *Washington Post* de novembro de 1996 diz que ela votaria em Bill Clinton porque ele mostrou "liderança de verdade" e que havia passado a noite em claro acompanhando os resultados das eleições em todo o país. O repórter perguntou a ela como havia decidido em quem voltar.

— Deus meio que me orientou — disse ela.

Ela vive nas proximidades de Washington com a sobrinha, que gerencia uma empresa que presta serviços de enfermagem em domicílio. A Sra. Miller recebe cuidados em casa.

Sou levada até o seu quarto, onde ela está me esperando, sentada em uma cadeira de costas altas, perto da janela. É pequena, o cabelo branco é brilhante e a pele morena tem profundas marcas. Está bem apresentável, usa brincos que combinam com o vestido negro estampado. Sorri gentilmente, enquanto me aproximo, e irradia uma calma incomum.

Dois anos haviam se passado desde a publicação do artigo que mostrava o sorriso dela para a câmera, queixo na mão, e pode ter desacelerado um pouco desde então, mas a audição e a visão pareciam boas.

Ella Miller diz que nasceu em 1880, a mais velha de cinco filhos, perto de Rogersville, Tennessee, a que se refere como "aldeia onde vivi".

— Minha mãe criou a família. Tinha de trabalhar duro para alimentar e criar os filhos. Sempre ensinou a eles as boas coisas da vida. Tínhamos de ir ao pé da colina pegar água na nascente para bebermos. Era a nossa água. E ela nos ensinou a ser pessoas gentis. Quando chegava alguma visita, ela queria saber se a pessoa sabia que água fria era para beber, e nós corríamos até a nascente e trazíamos um balde de lata com água fresca para que todos pudessem beber. Nós não sabíamos o que eram aquelas latas frias. Não existiam naquele tempo. Todos bebiam água, mmm-hmm, e era bom, saída direto das raízes das árvores. E a nascente ficava em volta dessas árvores, onde as pessoas fizeram bancos de madeira para se sentar. Era perto o bastante de casa para ter água fria sem precisar ir longe.

O discurso da Sra. Miller é lento e fluente, como se falasse de fragmentos de uma antiga balada. Quando há uma pausa, ela insere um gentil mmm-hmm, como se para manter o ritmo. Depois de olhar nos olhos da Sra. Miller por apenas alguns minutos, estou enfeitiçada pela presença de espírito tão antigo e gentil.

E o uso que ela faz da linguagem é lindo, apesar das faltas de lógica e das falhas de memória. Acho que estou ouvindo exatamente como as pessoas falavam há 100 anos. As palavras dela foram:

— Minha mãe era uma bela lavadeira... e eles faziam goma de farinha para terem goma para engomar as roupas e as fronhas... e tudo era lindamente lavado e passado.

— Ela fazia isso em casa?

— Mmm-hmm.

— Para outras pessoas?

— Para outras pessoas, toda a aldeia, era quase como uma lavanderia. As pessoas levavam as coisas para mais de uma família. Assim era a vida dela, para nos sustentar. Lavar roupas. Lindamente. Tudo era engomado e passado e pendurado.

A voz dela é carregada de devaneios, como se estivesse vendo as cenas na mente e descrevendo a ação.

— Li no jornal que seus pais foram escravos. É verdade?

— Acho que não. Não, não acho que tenham sido escravos, pelo que me lembro agora. Eu não me lembro de tudo o que aconteceu na época. Parece que ultimamente eu ando mais propensa ao esquecimento. Minha mente não é muito clara em questões do passado. Podem passar por minha mente, mas não conversam comigo. Não escuto bem para responder perguntas, já que estou usando estes "tímpanos". São bons, dizem, mas não estou tendo todos os benefícios que eu pensava ter.

Ela se refere ao aparelho de surdez.

As lembranças mais claras eram da infância: como a mãe trabalhava duro, o que comiam no jantar de domingo, como era a casa... os detalhes que uma criança notaria.

— Dormíamos no chão. Fizeram cobertores para nós. Tínhamos muitos. Estamos aquecidos.

"Eu podia ter o cobertor da minha mãe. Agora eu tenho os cabides dela. Eram feitos de madeira, e tinham dois ganchos. Desde que me mudei para a Virginia, perdi muitas coisas. Muitas pessoas me trariam a memória de volta se eu estivesse perto, mas pensar nelas estando longe, eu perco meio que a vista das coisas que fazíamos lá, porque aqui as pessoas não têm todas essas coisas, as pessoas não usam, e se eu não as vejo, eu perco a memória de como eram."

Ela sabe que a memória está indo embora. Há muitas coisas das quais não consegue mais se lembrar.

A Sra. Miller não recebeu educação formal. "Só me lembro o que as pessoas me disseram", ainda que tenha freqüentado a escola dominical. "Ensinavam sobre igreja e boa religião e sobre como ser uma boa menina."

Rogersville tinha menos de 1.200 habitantes — destes, cerca de um quarto de negros — e não havia escola pública em nível médio. Ela começou a trabalhar ainda adolescente, cuidando dos filhos do dono de uma sapataria em Knoxville. Quando ele transferiu a loja para Ohio, ela foi junto e viveu lá quase que pelo resto da vida, mas não se lembra mais do nome da cidade.

Mas a memória ruim não a perturba. A Bíblia está próxima a ela. Escuta programas cristãos no rádio e recebe sermões gravados da igreja. Gosta do Reverendo Billy Graham. Ela me mostra o gravador. Alguém marcou a tecla "forward" com esmalte de unhas vermelho.

— Temos uma oração aqui neste quarto todas as manhãs — diz ela.

Ela aponta para a enfermeira, Fatima, que está acompanhando a conversa.

— Ela se senta naquela cadeira, e eu, nessa. Minha sobrinha vem e se junta a nós. Esta é uma casa muito religiosa.

— Parece feliz e em paz, Sra. Miller — eu disse.

— Bom, eu tento amar todas as pessoas. Deus amou tanto o mundo que nos deu o filho Dele, e se Ele abriu mão disso, eu posso entregar a minha vida a Ele. Coloco Deus no comando. Não há um só dia que passe em que eu não fale com Ele.

— Por que acha que já viveu tanto?

— Dou o crédito a Deus. Se Ele me tomar, Ele virá. Quando Ele quiser que eu vá, estarei pronta para ir. Pronta para ir.

Ela faz uma pausa e completa, gentilmente:

— Bom, acho que por hoje basta.

Ela se joga para trás, apoiando a cabeça no encosto da cadeira. Conversamos por menos de duas horas. Ela faz uma oração antes que eu vá embora e pega a minha mão. A calma abriu espaço para a exaustão, mas ela reza com voz firme para mim, para a sobrinha e para a enfermeira.

Minha lista de perguntas sobre os fatos históricos do século XX nunca saiu da minha bolsa. A memória dela não era boa o bastante, mas também não parecia importante. Ela está em um lugar atemporal e de paz. Não sei que lugar é esse, mas sinto os efeitos nela.

Volto para o carro e escuto Clinton se repetindo cada vez mais.

3

Mona Breckner

"Tentei fazer a minha parte."

Em uma placa perto do estacionamento do Minnesota Masonic Home lê-se DEARS CROSSING.

É um edifício gracioso, ao estilo do século XVI, em um gramado que cresce suave e seguro sob os carvalhos. O vale do rio Minnesota é logo após a colina. Aqui é como um parque, um lugar tentador para um piquenique ou para uma soneca neste dia de veranico de outono.

Eu me aproximo da entrada coberta e vejo Mona Breckner antes que ela me veja. Surge através das portas de vidro, olhos abertos e vigilantes. Ela se levanta para me receber, em seu 1,42 m. Está vestida para um encontro de negócios, com as cores da estação: saia verde-escura e uma jaqueta curta e cintada, blusa de cor creme com pequenas folhas de outono bordadas nos punhos e no colarinho. Os brincos são delicados, de ouro com pálidas pedras vermelhas. Está com uma sandália de verniz e batom.

Ela se levanta, com uma das mãos na bengala, relógio de ouro no pulso e uma aliança de casamento no dedo.

— Ora, olá! — O sorriso é fácil. Os olhos são azuis e brilhantes. Ninguém diria que ela tem 102 anos.

Conversamos fiado sobre o tempo, é claro, sendo nós duas nativas do Meio-Oeste, mas ela está ávida para ir direto ao assunto.

— Sei que vai querer começar o mais cedo possível — diz ela. — Arranjei para que a gente converse em uma sala privada.

Eu esperava ver o quarto dela, mas a sigo por um corredor. Ela bate à porta, para se certificar de que não há ninguém, e entra.

Mona Breckner parece totalmente lúcida. Ela sabe quem sou, o porquê da minha vinda e o que eu poderia perguntar. Pelo rosto dela, presumo que tenha bastante energia e, portanto, que poderemos conversar o dia todo.

— Fale sobre a fazenda em que você cresceu — começo. — Onde ficava? Como era o campo naquele tempo?

— Bom, eu devo dar um pano de fundo sobre isso, porque deixa tudo mais claro.

Ela limpa a garganta e respira fundo. Conversamos durante sete horas.

— Meu avô foi um dos pioneiros no território noroeste. Ele veio para cá logo depois da Guerra de Secessão, foi dispensado do Exército e disse que poderia ter uma área de 40 acres para plantar trigo.

O avô dela trouxe a família do leste do Wiscosin para "a solidão de Dodge Center", perto de Redwing, Minnesota, no rio Mississippi. Por seis meses, a família viveu na diligência em que viajaram enquanto o avô de Mona construía a casa e aprendia a lidar com a maior ameaça: os incêndios no capim da pradaria.

— O capim nunca havia sido tocado, é claro. Era o capim original, 3,5 metros. Havia acres e acres desse capim alto e selvagem. Tempestades elétricas eram bem comuns na área e, se a grama pegasse fogo, se espalhava pelo campo de forma muito rápida e não havia modo de controlar. E parecia acontecer com freqüência.

Então, com a ajuda da esposa, e com a mãe de Mona, a filha mais velha, para cuidar do bebê, marido e mulher faziam barreiras de contenção para manter as chamas longe de casa.

— Meu avô me contou isso quando eu era criança, e sei que é definitivamente a informação correta. — Mona não quer que eu pense que ela está exagerando.

O pai de Mona era um imigrante. Ele chegou aos Estados Unidos com os pais, vindo da ilha de Man, no mar da Irlanda. Em Ellis Island, porta de entrada dos imigrantes, em Manhattan, disseram a ele para ir para Minnesota e formar uma grande família. Ao chegar lá, ele conheceu e se casou com a menina cujos pais haviam enfrentado o fogo na pradaria e tiveram 14 filhos. Mona era a nona.

Acho emocionantes essas histórias da pradaria selvagem. Cresci no norte de Indiana, perto do lago Michigan, que é a zona de transição entre a floresta do leste e a pradaria central. Quando eu era criança, as pradarias já haviam sido há muito aradas, mas conhecemos o mesmo céu aberto e o mesmo vento quente do verão que agitava os pés de cenoura silvestre e levava os tufos níveos de sementes de algodão-do-campo pelo ar. Nós nos deitávamos no mesmo capim seco à beira de estradas de pedrinhas, dissecávamos as mesmas borboletas-monarcas, e pegávamos os mesmos gafanhotos verdes que cuspiam tabaco em nossas mãos. Conhecíamos os sons das diversas espécies de gafanhoto. Mona e eu adorávamos a vida ao ar livre quando éramos crianças.

— Sabe, crescer em uma fazenda, com uma família grande, foi muito divertido. Você tem todo tipo de experiência, pintinhos e potros... Sabe, nosso pai dizia: "Nossa Nellie", nosso cavalo branco, "foi para o pasto e encontrou um potro." E nós vasculhávamos o pasto para tentar achar os pequenos refúgios de onde saíam os potros. E caçamos, caçamos, caçamos e nunca achamos nada, mas sabíamos que apenas não havíamos encontrado o lugar certo. Ele nos mantinha ativos com todo tipo de história! Tivemos pais maravilhosos. Faz toda a diferença nesse mundo. Acho que não há mais destes maravilhosos pais no mundo.

Mona tem prazer nos detalhes mais mundanos da infância dela. Faço perguntas específicas e, conforme abre portas na mente, sorri por causa do que vê.

— Pode descrever como era o Natal na sua casa?

— Sim, acho que posso. Os meninos mais velhos saíam para procurar um pequeno pinheiro que não precisasse crescer, e nós mesmos fazíamos a decoração — recortes de papel, essas coisas — e havia círios para acendermos. Uma vez um círio caiu no colo da minha irmã. Nunca vou esquecer! Meu irmão estava sentado do outro lado da sala e viu o círio cair. O colo dela estava cheio de pequenos presentes, todos embrulhados, mas meu irmão conseguiu apagar antes que pegasse fogo.

— Que tipo de presentes ganhava?

— Bom, eu não era muito de boneca. Era mais prática. Eu queria uma pá de lixo, uma vassoura ou talvez um carrinho de mão. Eu me lembro que um ano eu quis um suéter de Natal. Minha avó fazia tricô, então havia muita emoção nisso.

— De que cor era o suéter?

— Vermelho! Sempre vermelho ou azul ou cinza. Eu me lembro que tínhamos lã angorá cinza. Todos nós tivemos nossas toucas de angorá.

— Que tipo de casacos vocês tinham?

— Casacos de lã. Tínhamos ovelhas. Tiravam a lã e faziam fios. Sempre tivemos coisas de tricô. Tínhamos meias longas que chegavam até a coxa.

— Que tipo de sapatos vocês usavam?

— Tínhamos galochas. Eram de tecido e couro com fivelas que iam até o joelho. Ficávamos com elas o dia inteiro e às vezes ficavam bem molhadas, mas eram absolutamente necessárias.

— Tinha um vestido bonito?

— Ah, sim, mamãe sempre fez vestidos bonitos para todas as meninas. Ela era uma pessoa extraordinária. Eu usava azul. Minha irmã usava rosa. Ela se queimava e eu me bronzeava.

Mona me permite vagar pela infância dela, fazendo perguntas. Ela fica contente em conversar comigo, revigorada, acho eu, pela lembrança de estar segura no ritmo do mundo natural e uma família grande e amorosa.

Mona fez faculdade, por conta própria, e acabou indo trabalhar para o governo de Minnesota como especialista em educação para crianças com problemas de desenvolvimento.

— Eu sempre disse: "São seres humanos que podem contribuir se receberem ajuda para isso." E eu disse: "Procure muito, até encontrar alguma coisa que a criança possa fazer, veja se não há algum talento para alguma coisa." E, normalmente, se procurarmos com cuidado e com calma, achamos alguma coisa.

Gosto da entrevista, e acho que ela também. A mente dela é alerta e é raro ter brancos ou precisar procurar as palavras. Mona aparenta estar contente por me deixar dirigir o rumo da conversa. Pergunto sobre a Grande Depressão de 1929, uma confluência de colapso econômico e agrícola por todo o país, uma década de devastação para os fazendeiros do Meio-Oeste.

— A Depressão em Minnesota foi um tempo terrível, horrível — diz Mona. — As pessoas se desesperavam. Fazendas e fazendas foram perdidas. As pessoas não tinham como pagar os impostos. O moral estava muito, muito baixo. Você acordava de manhã e pensava: "O que temos de nosso hoje?" E você pensava se algum dia ia mudar. Se não mudasse, você poderia não sobreviver.

A Depressão matou o pai dela, Mona conta, porque perdeu a fazenda.

— Ele morreu de uma doença mental degenerativa. Ficou de cama por cinco anos. Ele não acreditava que o país para o qual veio tivesse ficado daquele jeito. Ele simplesmente se entregou.

Durante aqueles anos, Mona trabalhou para o governo, fazendo visitas às fazendas da região em um Chevrolet quatro portas, com uma câmera e um caderno, recolhendo dados oficiais sobre como as pessoas estavam passando. Ela foi escolhida porque vinha de uma fazenda e, portanto, poderia compreender o que via.

— Foi nessa época que vieram também as tempestades de areia.

O norte do Meio-Oeste sofreu com tempestades de areia em meados da década de 1930 assim como estados mais ao sul, na região chamada "Dust Bowl".

— As tempestades de areia chegaram em 1933, creio. Foi horrível. Nunca havia acontecido aquilo no Meio-Oeste. Eu tive de ir para Dakota do Sul. Os relatórios eram ruins. Washington perguntou se faríamos um inventário, então peguei meu carro e fui. Já tinha enfrentado todos os tipos de tempo, mas nunca havia encarado uma tempestade de areia. Foi um sentimento horrível. Não era possível dirigir durante o dia sem a ajuda do farol alto. Era impossível enxergar através da poeira. Os motoristas não enxergavam os faróis à frente. Era preciso quase bater para se perceber que estavam vindo. Era a névoa que era negra. Uma névoa negra. E, naquela parte do estado, as cidades ficavam bem distantes. Quando cheguei a Dakota do Sul, pensei que não conseguiria voltar para Minnesota.

E continua:

— Em Dakota do Sul, eles tinham um grande talento, na agricultura, para criação de perus. Em vez de plantações, eles criavam perus. Chegava a haver 1.000 perus em um rancho. Implicava muito trabalho, comida e água e todo o cuidado com os animais. Bom, quando cheguei, fiquei admirada com a quantidade de penas de peru presas nas cercas. Havia cadeias de cercas, todas elas com penas arrancadas dos perus quando eles tentavam atravessá-las, procurando comida. Era uma cerca feita de penas de peru. E eu vi os perus! Não havia sobrado nada além das grandes longas penas da cauda e das asas. Eles atravessavam as cercas e deixavam a penugem nas cercas! Era a coisa mais engraçada que eu já havia visto. Eu estava com a minha Kodak, então tirei algumas fotos e pensei: "Decida-se, Washington! É melhor vir até aqui ver o que é isso!"

Mona Breckner, bisneta de pioneiros, aprendeu a ter uma ampla visão do lugar dela no mundo. O trabalho para o governo do estado de Minnesota acabou levando-a à capital Washington, onde se encontrou com Eleanor Roosevelt a respeito de um programa de apoio projetado para mandar 100 famílias de fazendeiros de Minnesota para o vale Matanuska, no Alasca. Mona cuidava do programa no estado.

Ela andou de avião pela primeira vez para ir a Washington. Foram dois dias de viagem. Ela se lembra de que o avião voava próximo ao solo.

Tem claras lembranças da Sra. Roosevelt.

— Eu estava maravilhada. Só a havia visto em fotos. Eu sabia que era uma mulher grande. Ela era gorda e muito pouco atraente, apesar de estar muito bem-vestida. Ela tinha a aparência e a convicção de uma pessoa muito bem preparada. Com certeza entendia bem do que fazia. Tínhamos essa impressão no momento em que a conhecíamos, que ela não estava lá apenas por estar, ela estava lá para ir direto ao que interessava.

"Ela entrou na sala com a saia um pouco esvoaçante. Estava com um vestido longo, eu me lembro. Tocava o chão. Era muito impressionante. Tinha uma realeza nela que fazia você sentir que era melhor sentar, prestar atenção e ouvir. Ainda assim, eu me sentia quite com ela. Eu não sentia que ela se considerava superior a nós; era apenas alguém que era responsável por aquilo, que ia levar adiante e que ia fazer um bom trabalho. Todo o ser envolto em um sentimento de 'sou capaz e vou fazer um bom trabalho e quero que façam um bom trabalho também'. E quando terminamos, ela disse: 'Agora voltem e vejam quais são os recursos, dêem aos departamentos adequados as informações de que precisarem. Não vai custar a vocês nem um centavo.' Bom, caramba, deu certo. Funcionou muito bem. Nunca vou me esquecer daqueles dias."

Mona avisa que o almoço será servido na sala de jantar em alguns minutos, então fizemos uma pausa.

Ela segue na frente, empurrando rapidamente o andador com rodinhas, me apresentando a amigos e aos funcionários do Masonic Home, ávida por me mostrar aos outros. Faz comentários sobre como o lugar é administrado, programas e serviços oferecidos, e deixa claro que não está presa lá, pode sair a qualquer momento.

A sala de jantar é agradável. A comida, servida em uma porcelana pesada, é variada e leve. Mona acha o serviço ruim, mas não percebo nada.

Ela já está pensando em nossas conversas programadas para depois do almoço, e tira alguns papéis de um pequeno compartimento na bengala. Fica impressionada por eu ter vindo de Washington, e de repente percebo que ela pensa que sou uma correspondente política e presume que estou interessada em sua opinião sobre política nacional.

— Está aqui — ela pega uma folha de papel — É uma lista dos presidentes que prestaram bons serviços aos Estados Unidos de Washington a Clinton, e eu descobri que, de 42 candidatos, eu selecionaria apenas 10 deles como capazes de ser estadistas e de governar um país.

— Esta conclusão se baseia em sua própria leitura da História, sua própria avaliação?

— É. Parece-me que noventa por cento deles não estariam lá se dependesse de capacidade própria. Tivemos péssimas demonstrações de liderança neste grupo. Quando se fala de estadistas, mas estadistas de verdade, então esses 10 representam homens capazes.

Lista de Mona Breckner de verdadeiros estadistas americanos

George Washington	James Monroe
John Adams	Abraham Lincoln
Thomas Jefferson	Theodore Roosevelt
John Quincy Adams	Franklin Roosevelt
James Madison	Harry Truman

Creio que Mona está desapontada por eu não demonstrar interesse na análise dela da História, mas, no tempo que ainda temos, prefiro conversar a respeito de como é ter 102 anos, o que não havia conseguido fazer com Victoria Williams ou Ella Miller. Voltamos à sala de entrevistas emprestada.

— Mona, sente-se mais sábia com a idade? — pergunto.

— Bom, não estou aprendendo muitas coisas novas, mas estou aprendendo como usar as coisas que talvez eu não tivesse desenvolvido antes. E, quando me defronto com uma situação com a qual eu não saiba lidar, analiso as minhas experiências e me pergunto: "Já lidei com algo desse tipo antes e tive sucesso?" E reviso em minha mente a técnica que usei e penso: "Sim, é alguma coisa que aprendi e posso fazer várias vezes se a ocasião exigir."

— E agora tem experiências com muitas coisas.

— Bom, precisa admitir que tenho.

Achei algo de mim mesma em Mona Breckner: orgulho da carreira e da vida profissional. Percebi que, nas muitas horas que ficamos juntas, ela mencionou apenas uma vez que havia sido casada, e sei muito pouco sobre a vida pessoal e afetiva dela.

Ela se casou tarde, parece, e não teve filhos. O marido morreu após uma longa doença, quando Mona estava na faixa dos 80 anos. Ela viveu em um asilo em Ojai, Califórnia, durante cinco anos, antes de voltar para Minnesota.

Agora, as sobrinhas, os sobrinhos e os muitos filhos deles a visitavam regularmente, comemoravam datas com ela, telefonavam sempre.

— São a minha família agora e me são muito, muito preciosos — diz, seriamente. — Uma de minhas sobrinhas me considera sua mãe. Somos muito próximas.

Ela vive cercada por famílias jovens o bastante para ter uma forte opinião sobre o que há de errado com a família americana de hoje.

— Acho que a mulher não está assumindo a responsabilidade pela vida familiar como meus pais assumiam. Minha mãe teve grande influência em minha vida, e eu nunca pude agradecer-lhe o bastante pelo sentimento com o qual ela me criou: o de dividir o que sinto com todas as pessoas. Acho que uma coisa falta hoje. Acho que em parte é porque a atenção das mães foi posta de lado pela igualdade de condições e o fato de que elas podem sair e ganhar o sustento. E eu acho que todo o país — a vida particular, a vida pública, tudo — inclinou-se mais para o aspecto financeiro da vida, não para as coisas maravilhosas e criativas que a vida pode oferecer.

— Acha que as pessoas estão muito interessadas em ganhar dinheiro?

— Isso mesmo. Acho que a ambição chegou a um ponto que deveria ser freada. Não sei por que algumas pessoas conseguem ganhar, indefinidamente, grandes quantias que nunca, nunca, nunca gastam, e se recusam a dividi-lo de modo que pessoas em toda parte se beneficiem. Acho que só um lado é valorizado. Tudo leva ao lado financeiro e não ao que a vida é.

— Que é...

— Bom, é dividir. A grande coisa na vida é dividir. Tudo. Responsabilidades e também as coisas boas. Acho que hoje não há a participação que havia antigamente. É o egoísmo de hoje em dia. Falo de dividir o que se tem para oferecer. Fazer com que seja importante. Porque todos temos um pouco disso, sabe?

Mona suspira profundamente. Está ficando cansada. De repente percebo que não planejei bem este dia. Ela está me dizendo o sentido da vida, meu Deus do Céu, e eu estou olhando para o relógio. Eu deveria ter deixado minha agenda em aberto. Não posso voltar amanhã, tenho uma reserva de vôo para voltar para casa. Só estou começando a ter uma percepção completa dela hoje e ela está ficando sem gás.

Eu havia resolvido deixar que ela falasse, e consegui ficar bem quieta, mas agora o dia está acabando, ela está cansada, e eu ainda tenho muitas perguntas.

— Mona, preciso perguntar mais uma coisa. Se eu fosse viver 100 anos, o que devo esperar? Quais as alegrias de ter a idade que você tem?

— Bom, às vezes eu penso se há alguma alegria nisso. Fico satisfeita em olhar para o passado e dizer para mim mesma: "Creio que você teve uma boa vida. Está feliz com ela, Mona?" E digo a mim mesma: "Não, há muitas coisas que eu poderia ter feito melhor, mas eu não sabia como." Por outro lado, acho que evitei que muitas coisas piores acontecessem e acho, comparando as duas coisas, que devo ficar satisfeita. Tentei fazer a minha parte.

Ela pergunta se podemos parar.

— Estou meio cansada — diz.

Eu não queria parar. Mona foi a primeira entrevistada que encontrei que estava lúcida, cujas lembranças eram tão completas, que tinha noção de si mesma no passado e no presente. Eu só estava começando a conhecê-la e queria conversar com ela de modo informal, para esquecer "a entrevista" por um momento. Desliguei o gravador e perguntei se poderia ver o quarto dela antes de sair.

Ela chamou de cubículo. Era parecido com um quarto de dormitório de uma universidade, comprido e estreito, com uma única janela, para o oeste. Era menor do que a média de um quarto de hotel. Mona tinha livros e fotografias por toda parte, inclusive uma tirada em sua festa de 100 anos, em que ela usou um vestido de seda verde-oliva com gola chinesa. O corte era muito bonito e gostei muito. Ela foi até o *closet*, que estava lotado de coisas, e tirou o vestido para me mostrar. Estava guardado em uma capa de plástico. Mona levantou a capa, e agora carrego para sempre essa imagem dela, um braço apoiando o vestido verde brilhante, os olhos brilhando, uma menina mostrando à outra o mais bonito vestido.

4

Anna Wilmot

"Estou dizendo, sou uma figura, não sou?"

É dezembro de 1999. O século está chegando ao fim, e minha série no rádio sobre pessoas com 100 anos está prevista para começar em um mês. Não estou pronta, e sinto-me nervosa. Todas as entrevistas que fiz até agora têm problemas. Julguei mal a energia das pessoas, não aproveitei bem o tempo e nunca senti que tivesse a noção de uma vida inteira como eu queria. Não tenho uma visão da série, não sei o que quero dizer. Todas as vezes que conheço alguém, há uma nova variável a ser enfrentada. Ouvi boas histórias, mas está faltando alguma coisa que não sei o que é. O pior de tudo, estou ficando ansiosa pela possibilidade de ficar confinada como um animal enjaulado em meus últimos anos, incapaz de ir aonde quiser.

Então, pouco antes do dia mais curto do ano, quando está frio, úmido e escuro em Washington, minha ansiedade devido à série aumenta o meu pânico anual e irracional causado pela proximidade das Festas: a árvore não está pronta, não tenho louça para o jantar de Natal, mais uma vez ainda não mandei nenhum cartão, e gastei dinheiro demais enviando presentes para a minha família no último minuto possível porque não planejei com antecedência. Encolho-me diante da minha lâmpada especial, que emite luz ultravioleta por uma hora todas as manhãs para me ajudar a diminuir a depressão causada pela falta da luz do sol, e penso onde vou conseguir energia para escrever a série para a rádio. Mas, neste momento de depressão, conheci três centenários em uma semana que me deram uma nova visão sobre o que significa ter 100 anos e me encheram de esperança. Todos tinham um nível de independência e paixão que eu não encontrei na minha vida. Iniciaram-me no aprendizado que me modificaria para sempre. Começa com Anna Wilmot.

Eu soube que Anna rema todos os dias quando o tempo está quente. Telefonei para ela em Massachusetts. Ela é a primeira entrevistada, até agora, que não tem problemas em usar o telefone, e conseguia lidar com isso muito bem.

— Lembre-se, não é *Wilmont*, é *Wilmot*, M-O-T. — Anna me passa instruções com uma voz tão enérgica que tenho de afastar o fone do ouvido. — Pergunte a qualquer um na estrada e vão dizer onde Anna mora.

Digo a ela que estarei lá pela manhã.

— Tudo bem, querida, então nos vemos.

Ela me chama de querida e nem nos conhecemos ainda.

Meu vôo chega no Aeroporto Internacional de Bradley, bem ao norte de Hartford, e planejo alugar um carro. Sou a única passageira no ônibus. O motorista é idoso e calmo. Os limpadores de pára-brisa mal dão conta da fina camada de gelo. A tensão por causa do tempo combina com o meu humor.

Havia passado um ano desde minha entrevista com Ella Miller e Mona Breckner, e me tornei obcecada em descobrir o sentido da vida. Mona trouxe o assunto à tona e a Sra. Miller irradiava uma sábia serenidade. Levo em minha mochila *The Last Gift of Time: Life Beyond Sixty*, de Carolyn G. Heilbrun, romancista e erudita que ensinou inglês na Universidade de Columbia. Heilbrun diz que sempre planejou se matar quando chegasse a uma idade avançada, mas então ela teve a revelação de que poderia relembrar os 60 anos com assombroso prazer.

Isso me parece absurdo, mas continuo lendo, à noite, em minha grande e fria cama, com a vista de um estacionamento e de lixeiras em Springfield, Massachusetts.

Na manhã seguinte, no assento onde bate mais sol em uma loja Dunkin' Donuts, me apresso para terminar de ler o livro antes de me encontrar com Anna, às 10 horas. Leio na expectativa de que a Sra. Heilbrun explique o sentido da vida, por que ela resolveu prosseguir. No último capítulo, ela cita o poema "Otherwise", de Jane Kenyon, que conheço bem porque tenho uma cópia emoldurada em meu escritório. O poema articula os prazeres mundanos da rotina diária de Kenyon, e olha para o futuro, sabendo que um dia vai terminar. Para mim, é um poema sobre como aproveitar o dia de hoje.

À tarde eu me deito
com meu companheiro. Poderia
ter sido de outra forma.
Nós jantamos juntos
em uma mesa com prateados
castiçais. Poderia
ter sido de outra forma.
Durmo em uma cama
em um quarto com pinturas
nas paredes e
planejo outro dia
exatamente como este dia.
Mas um dia, eu sei,
*será de outra forma.**

* At noon I lay down/with my mate. It might/have been otherwise./We ate dinner together/at a table with silver/candlesticks. It might/have been otherwise./I slept in a bed/in a room with paintings/on the walls, and/planned another day/just like this day./But one day, I know,/it will be otherwise.

— Não brinca. Eu sabia *disso*. Muito obrigada — digo para o livro da Sra. Heilbrun, pensando que, para uma mulher que se autodefine como alguém que sempre gastou muito com a própria formação, ela não se esforçou muito.

Estou impaciente e dirijo muito rápido em direção à casa de Anna.

Ela mora nas cercanias da pequena cidade de Westfield, que se autoproclama "a capital mundial do extermínio de insetos". Sigo as instruções dela até uma estrada em pista dupla e depois por entre as árvores em direção a um lago. A estrada seguia ao longo da margem e depois entre casas de madeira e pinheiros. A maioria das casas parece ter sido construída nas décadas de 1920 e 1930, perto da via. Os carros estão estacionados casualmente, como se o estacionamento fosse uma preocupação posterior. Posso imaginar crianças com sandálias e trajes de banho atravessando a estrada de terra no verão.

Estou de pé nos degraus da casa de Anna, no fim da rua, uma cabana de madeira de um andar, cercada por pinheiros. Uma demão de tinta não lhe faria mal. Bato à porta de tela. Curvo-me para ler uma pequena placa abaixo da tela. Diz *F.B. Wilmot* em uma escrita elegante.

— Espere, estou indo! — grita Anna, de dentro de casa.

Anna Wilmot é uma explosão de cor e energia: cabelo vermelho brilhante, bochechas coradas, olhos azuis, um grande sorriso. Está com uma blusa preta, com a inscrição "Maui".

A cozinha é escura e quente, com revestimento de madeira. No balcão próximo à porta, uma fileira de bambus. Há uma velha geladeira branca, com a frente arredondada e um fogão antigo. Uma pequena mesa está encostada à parede, com uma boa visão da janela; sem dúvida, é o lugar onde Anna faz as refeições sozinha e lê.

— Teve problemas em me achar?

Problema algum. Suas indicações foram perfeitas. E ela ainda dirige.

Ela me leva até a sala de estar, que é cheia de luz. A casa fica em um ponto que se projeta sobre o lago. A água nos cerca por três lados. É profundamente quieta. Um relógio faz tique-taque. Parece aconchegante e, ao mesmo tempo, exposta ao vento.

— Adoro isso aqui — diz, recostada na cadeira de balanço. — Sabe, em minha idade, você não senta, desaba!

A sala é "uma casa típica dos anos 40" que esperamos ver na Instituição Smithsoniana. Há um sofá encostado à parede, forrado com um tecido de algodão com motivos chineses. O tapete duro, fino, tem uma estampa florida, gasto em alguns pontos. Há uma varanda por trás de portas francesas à esquerda, três pequenos quartos à direita. Anna não é uma obcecada por decoração doméstica, mas tudo está muito limpo. Tudo parece um tanto gasto, o que me chama a atenção. Ela percebe que observo tudo.

— Acho que tudo aqui é antigo, como eu — e dá uma gargalhada.

Anna tem uma gargalhada alta, exuberante. É a primeira vez, percebo, que escuto um de meus entrevistados rir tão livremente.

Posso prever que vai ser um bom dia.

Anna nasceu em Holyoke, Massachusetts, onde o pai tinha uma mercearia. A família se mudou algumas vezes, para Westfield e depois para Springfield. Quando viviam na cidade, passavam os verões neste lago.

De repente surge uma voz da cozinha: "Olá!"

— Oi, Sr. Sherman — Anna responde, se levantando da cadeira. Eu a sigo até a cozinha, onde há agora algumas embalagens de alumínio no aparador. O Sr. Sherman já foi embora.

— É minha comida — diz Anna, ao apalpá-las para sentir a temperatura. — Meals-on-Wheels, entrega de refeições. Está quente. Quer comer? Quer comer agora? Não está com fome?

Convenço Anna de que posso esperar e voltamos para a história da família.

Ela se posiciona em frente a meu microfone, com cerimônia, como se as pessoas estivessem esperando para ouvir pelo rádio o que decidíssemos contar. Acho graça de ver como ela leva a sério.

Logo ela me diz que sobreviveu a todos os membros da família dela, inclusive ao irmão caçula Louie, que era seu protetor, conta, mesmo quando eram pequenos. Ele a acompanhava nas saídas dela com os namorados, e dizia de quais gostava e de quais não gostava.

— Quando o perdi, o que foi muito doloroso, fiquei sozinha. Agora não há mais ninguém além de mim, o que não é nada feliz para ninguém, mas não podemos fazer nada. É a vida.

Anna também sobreviveu ao marido, Frederick. Conheceram-se quando ele havia acabado de dar baixa no serviço militar, após a Primeira Guerra Mundial.

— Nós namorados por alguns anos... e tive um filho, Frederick, que vive na Califórnia agora. Eu o chamo de meu bebê: ele tem 75 anos — Anna ri de novo.

Ela me conta passagens da vida dela, mas insisto que volte aos assuntos e conte histórias.

— Quando ainda estudava, o que fazia depois da aula?

— Éramos criados ao ar livre. Andávamos muito. Costumávamos brincar de esconder, coisas do tipo. E não havia televisão para nos prender em casa. Fazíamos longos passeios de bicicleta. Adorávamos bicicleta.

Ela poderia estar descrevendo a minha própria infância em Indiana, nos anos 50. Morávamos no campo e estávamos sempre andando de bicicleta.

Anna me conta sobre a Grande Depressão, como ela e Frederick quase perderam tudo, como ela aprendeu a ser frugal e a sobreviver com muito pouco. Não fica triste, nem pensativa. Foi difícil, mas ela sobreviveu. Estávamos conversando há menos de duas horas, quando ela diz:

— Acho que isso é tudo.

Concordo em parar e almoçar com ela, mas tenho certeza de que não havíamos terminado.

Ela me convence a comer o almoço trazido pelo serviço de entrega em domicílio, que ela esquenta no antigo fogão. Acende um fósforo e abre o gás.

— Sempre tenho muita comida em casa — comenta. — Acredite se quiser, ainda sei cozinhar. Mesmo.

Ela mexe a frigideira para frente e para trás para misturar o arroz e o molho de tomate.

— Esse fogão é uma antigüidade. Como eu!

— Anna, você não aparenta mais do que 80 anos — afirmo.

— Obrigada — agradece. — Sabe nessas feiras em que tentam adivinhar a sua idade? Adoro fazer isso. Ah, o cheiro está ótimo. — Ela se move rápido, mexe a frigideira de novo, pede para que eu coloque a mesa na sala de estar, e abre as outras latas de comida no balcão.

— Parece pudim de chocolate. Gosta de pudim de chocolate? Que sanduíches nós temos aqui? Parece presunto e queijo. Aqui, pode levar com você quando for. Pegue. E leve um biscoito também.

Deixo que Anna se preocupe comigo. Ela vem até a mesa e senta à minha frente.

— Tudo bem, docinho — diz. — Onde está a sua bebida?

A conversa rolou fácil por uma hora além do almoço. Ela volta e meia levantava da cadeira para me mostrar fotos, cartas e cartões de aniversário que ela recebeu no centésimo aniversário no ano anterior, incluindo um cumprimento de Willard Scott, que anuncia aniversários de 100 anos no *Today*, o programa da NBC.

O telefone toca, parece que alguém faleceu.

— Ah, sim, era um homem muito bom — Anna lamenta. — Penny, você vai? Bom, não sei se meu carro vai agüentar... Ah, agradeço muito.

Ela desliga.

— Um amigo nosso morreu e o enterro é no domingo. Era um bom homem. É uma pena. Sabe, tenho um amigo, ele é batista e está sempre querendo me converter. Sempre que ele me manda alguma coisa, ele coloca esses lembretes que dizem: "Para onde você vai?"

— Para onde você vai, Anna? — pergunto.

— Não faço a mínima — responde, e é a última palavra sobre a outra vida por ora.

Eu a convenço de que tenho muitas outras perguntas e ela parece surpresa, mas concorda em sentar-se de novo na cadeira de balanço. Então me ocorre que Anna não se preocupa em falar do passado. Ela vive o presente, faz planos para o futuro. Mas preciso saber muitas coisas.

— Quantos anos tinha o seu marido, Frederick, quando morreu?

— Ele tinha 78. Espera, é isso mesmo? — Faz cálculos de cabeça. — É, 78. Eu tinha 72.

— E como foi ficar sozinha de repente?

— Foi terrível — pela primeira vez no dia a voz de Anna ficou baixa e calma. — Era como se tivessem arrancado a minha mão direita. Eu sabia que tinha de me acalmar. Eu estava pronta para vender a casa e me mudar. Eu não sei para onde eu me mudaria, mas graças a Deus eu me acalmei e fiquei. Ainda bem. Aqui é meu lar e gosto daqui.

— Pensava em ir para onde?

— Eu não sabia. Achava que tinha que sair. Ir embora. Estava muito confusa, muito triste. Mas, como eu disse, eu me acalmei, então não precisei tomar uma decisão.

— Está sozinha há 30 anos.

— É, faz muito tempo. Mas tive de ir em frente. Eu tive de cuidar de mim. Eu sabia que tinha de estar saudável e não ficar doente porque não havia ninguém para cuidar de *mim*. E consegui, graças a Deus.

— Você pensava no futuro?

— Não, eu estava tão tomada pela tristeza que achava de não havia futuro. Nada a mais. Até que me acalmei, e então fui vivendo dia a dia. Então se tornou um modo de vida. E eu aceitei. Não havia mais nada que eu pudesse fazer — ela ri. — Alguns anos depois, alguns amigos acharam que estavam de olho em mim. Mas eu disse "nada feito".

— Quer dizer que alguém quis se casar com você?

— Quem sabe o que eles tinham na cabeça, mas eu não dei chance. Eu tive o melhor, não queria mais nada.

Tive a impressão de que Anna havia dito isso muitas vezes.

— Você ainda pensa no seu marido?

— Bom, é parte da sua vida. Não pode viver com alguém tanto tempo e não pensar na pessoa. Tivemos um casamento muito, muito bom. Nós nos dávamos bem. Tínhamos algumas discussões... Quem não tem? Mas não era nada sério. Nunca aconteceu nada que nos deixasse realmente zangados um com o outro. A única coisa que posso dizer é que éramos felizes juntos.

— Vocês riam?

— Claro! Ele tinha um ótimo senso de humor e eu também era boa nisso.

— Muitas pessoas imaginam que, quando chegarem à sua idade, serão solitárias.

— Muita gente já me perguntou se me sinto sozinha. Bom, eu não me permitiria a solidão. Eu saio e faço alguma coisa a respeito. Dou uma volta. *Não vou me permitir ficar sozinha.* — fala diretamente ao microfone, vira-se para mim e diz em voz baixa: "É verdade."

— Anna, você pensa na sua idade? Em sua cabeça, você é mais velha?

— Não, não me incomoda. Eu só espero que eu nunca precise ir para um asilo. Espero que eu nunca vá. Espero que, quando chegar a minha hora, eu me vá em paz, sem uma doença prolongada. Simplesmente acabar.

— Parece que tem amigos à sua volta, Anna. Não está sozinha aqui.

— É verdade. Sabe, sou uma leitora voraz. Gosto de ler durante a tarde. Às vezes, quando me interrompem, fico um pouco zangada, mas eu os perdôo. Tive uma vizinha que estava sempre vindo ver como eu estava. Ela sentia tanto medo! Então, com jeitinho, eu disse a ela para não se preocupar, se eu sentisse que precisaria dela, telefonaria. Eu meio que impedi que viesse me ver toda hora. Mas a intenção era boa — ela se vira para mim e continua, em voz baixa. — É verdade, ela estava me deixando maluca. Eu não podia fazer nada. Era boa demais.

Anna sorri sozinha:

— Certo, só mais uma pergunta. Tenho que ir.

— Anna, o que as pessoas devem esperar dos 100 anos de idade?

— Bom, a única coisa que posso dizer é que não fiquem parados. Prossigam. Andem. Procurem um incentivo. Não fiquem pensando "estou velho". Tire isso do seu organismo. Continuem. Eu não fico parada. É isso.

Anna Wilmot era a primeira pessoa de 100 anos que eu conhecia que morava sozinha.

Ela sobrevive com uma renda da Seguridade Social; o marido não tinha pensão e ela teve de reduzir as necessidades a um mínimo. Ela ainda dirige, mas está pensando em dar o carro para o filho porque o seguro custa muito caro. A vida de Anna se limitava àquele espaço e rotina, mas ela parece contente.

Tenho uma visão de mim mesma vivendo sozinha em uma casa como a dela daqui a 50 anos, usando agasalho e tênis, mexendo frigideiras no fogão para esquentar meu almoço da entrega em domicílio, lendo livros durante toda a tarde, dormindo em um quarto com revestimento de madeira com vista para o lago.

Conhecer Anna também me ajudou a confrontar um de meus maiores medos de envelhecer: a perda da atividade física.

Sempre adorei nadar, andar de bicicleta, patinar, fazer caminhadas e andar de barco. Quando adolescente, me consumi com balé e dança moderna, e flertei com a idéia de me tornar profissional.

Não imagino a vida sem o que sinto ao descer uma ladeira de bicicleta, o calor que me aquece o cérebro quando esquio no vento gelado, a graciosidade sem peso e a leveza da mente que a natação na natureza induz.

Quase todos os dias, nado na piscina da YMCA — Associação Cristã de Moços — perto da minha casa, e lá, no vestiário, vejo as marcas do tempo no corpo de mulher.

As roupas escondem muito dos pontos fracos e da má sorte, mas nenhuma de nós tem segredos quando ficamos lado a lado no chuveiro. Coluna ruim, pele enrugada, ombros caídos, pescoço protraído, braços flácidos. Sem fantasias, vejo o futuro do meu corpo todos os dias.

Lembro-me de que uma vez a minha avó Nina pegou uma de nossas bicicletas para dar uma volta na calçada. Ela não andava de bicicleta há anos, disse. Eu estava maravilhada em ver uma senhora de idade andar de bicicleta, pois achava que apenas crianças poderiam ter este tipo de diversão. Agora me dou conta de que ela devia estar na faixa dos 60 anos. Pelos meus padrões atuais, não tinha nada de velha.

Conforme eu ia crescendo, e ela ainda vivia, todas as vezes que eu caminhava na floresta, eu pensava que fazia aquilo por ela, já que não podia mais fazer. E, agora que ela se foi, resolvi não parar mais.

— Ande, vamos lá para fora — diz Anna.

Ela veste o casaco de inverno. Desço os degraus atrás dele e vamos até a caixa de correio. Ela pega alguns cartões de Natal.

— Quero mostrar a você uma coisa aqui. — Ela pega uma bengala, um velho cabo de pá, e vai na direção do lago, andando com cuidado nas folhas secas do pinheiro. — Cuidado com as raízes da árvore.

— Vê, é o meu barco — ela aponta com a bengala um barco de madeira, de boca para baixo na margem. — É para lá que vou, bem ali. Olhe como a água está calma. Se eu soubesse que ia ficar calmo assim, teria deixado o barco na água.

Ela prossegue e senta em alguns degraus que vêm da varanda.

— Sabe, venho até aqui, assim mesmo, e me sento ao sol. Não é agradável?

Olhamos para a outra margem do lago, em direção ao oeste. Os galhos das árvores quase tocam a água e o sol do fim de tarde se põe dourado no mundo de Anna. O cabelo vermelho brilha. Uma luz emana dela.

— E quando chegamos aqui, não há interferência, não há ninguém por aqui. Você pode vir aqui e até nadar sem roupas.

— O quê?

— Eu nado! Mas só quando há nevoeiro e não há pescadores por perto.

Ela estica o braço e põe e mão no microfone, rindo alto. Ela não quer que nossos ouvintes saibam da história de nadar sem roupas, o que inclui o uso da palavra "impedimento". Finalmente ela tira a mão do microfone e continua.

— Ah, eu podia escrever um livro. Adoro isso aqui.

Tiro uma foto de Anna e ela tira a minha. Mais tarde, mando cópias para o filho dela, Freddie, o "bebê", na Califórnia. Como retribuição, ele me manda um pacote de fotos de família e recortes de jornal. Anna bem menina, com um longo rabo-de-cavalo; adolescente, com o time de basquete; recém-casada, meio misteriosa com Frederick, fotos de toda a vida de Anna, até hoje. Em quase todas as fotos, lá está o lago. Aqui ela está abaixando as meias, se preparando para nadar. E aqui, com uma amiga, joelhos encostados no peito, sentadas em um píer, com longos trajes de banho de lã e toucas de borracha. E aqui está com Frederick, na meia-idade, vestidos para uma ocasião elegante, ambos usando sapato branco, rindo, sentados juntos em um sedã preto, o lago visível por entre as árvores atrás deles.

Anna escolheu viver aqui, neste lago, quando o marido morreu, mesmo depois que Freddie implorou para que ela fosse viver com ele na Califórnia. Ela se conhecia muito bem para saber o que a sustentava e dava significado à vida dela. Acho que não preciso perguntar a ela o sentido da vida.

— Eu não quero morrer — diz ela —, quero ficar aqui. E eu sei que *vou* ficar aqui. Quero que joguem minhas cinzas no lago, então aviso a todos os vizinhos para não comer os peixes, porque podem estar me comendo! — rimos bastante. — Estou dizendo, sou uma figura, não sou?

5

Abraham Goldstein

"Você não vive no passado, você vive no presente."

"Abraham Goldstein", dizia o bilhete, "Professor — Baruch College — 99 anos — parece ser incrível." Uma amiga fez uma palestra em Nova York há dois anos e citou a minha busca por pessoas de 100 anos. Uma mulher na platéia deu a ela esse nome. Eu guardei o bilhete.

Agora estou esperando na sala do professor, procurando pistas. Que tipo de homem ainda vai ao trabalho aos 101 anos? Em uma placa na parede lê-se: "Em apreciação a 60 anos como inigualável educador, amigo e colega. Departamento de Direito da Baruch College. Março de 1989." Ele está ensinando há *setenta* anos. Não há outras lembranças, fotos ou prêmios, nenhuma obra de arte, nada pessoal. É uma sala de paredes nuas com luzes fluorescentes e chão de ladrilhos.

A porta se abre e ele aparece em silêncio, usando uma capa de chuva com uma fileira única de botões e um chapéu de feltro na mesma cor marrom. Carrega um guarda-chuva e usa sapatos emborrachados.

Ele me dá uma boa olhada.

— Olá, sou a repórter! — digo, animada.

— Ah — diz ele secamente. De imediato, fico nervosa.

Ele tira o casaco e o chapéu. Usa um blazer de poliéster e calças marrons, uma blusa azul, um suéter bege e uma gravata listrada. O cabelo é branco prateado, cheio e ondulado em cima. Usa óculos ao estilo dos anos 50, que voltaram à moda. Aperta minha mão gentilmente. As mãos são macias e pequenas. Tem uma expressão doce e atenciosa. Vai com facilidade até o fundo da sala, abre uma gaveta do arquivo, puxa um livro de 5 cm de espessura e o coloca na mesa.

Começo a fazer perguntas a ele, cada uma sem relação com a anterior, que é o que faço quando estou nervosa.

— Qual é a sua agenda para hoje? — começo.

— Creio que um aluno estava marcado para o meio-dia. Até agora, ninguém apareceu — diz, animadamente.

O professor Goldstein está aposentado da sala de aula. Agora, ele tem duas responsabilidades primárias. Uma é ser orientador. Hoje ele está à espera de três alunos, um a cada hora. É a semana de provas finais aqui na Baruch's Zicklin School of Business, na Park Avenue South. O professor Goldstein é especialista em direito comercial. Esclarece qualquer dúvida.

A outra responsabilidade era preparar resumos para os colegas a respeito de regras recentes que afetem o direito comercial no estado de Nova York. Em outras palavras, ele os mantém atualizados.

Antes que me aprofunde em algum assunto, uma aluna entra. Ela se chama Muriel. A conduta é reservada, mas a aparência é sensual: calça colante de couro, pulôver justo e uma touca de chenille puxada até as sobrancelhas sobre o cabelo negro, brilhante, cheio de cachos. Ela parece sensual e forte, mas a voz é suave e doce.

— Eu não sabia que seria uma reunião assim. Achei que seria uma aula — diz, baixinho.

— O que foi?

— Tenho que assinar uma folha de presença?

— Você tem que falar alto, minha audição não é muito boa.

— Tenho que assinar uma folha de presença?

— O quê? Fale alto!

— TENHO QUE ASSINAR UMA FOLHA DE PRESENÇA?

— Não, só me diga qual é o seu problema... e por cinqüenta centavos, dou a você as respostas — ele sorri.

Ela sorri.

— É claro, não serão as respostas corretas.

Ela se move pela mesa para se aproximar do professor, que esqueceu o aparelho de surdez hoje. Sentam-se próximos. Ela está com o livro aberto sobre o colo e a página está cheia de marcações, mas ela parece confusa e se atrapalha com o livro até que chega a um tópico em que tem dúvida: a violação dos estatutos.

— Em que página você está? — ele pergunta.

— Página 156.

— Página 154?

— Cinqüenta e SEIS.

— Página 156? — ele folheia o livro — Não tem página 156.

Ela sorri de novo. Quando ele chega à página, dá uma olhada no cabeçalho e liga-se uma chave na mente dele.

— Suborno, no estado de Nova York, como na maioria dos estados, é crime — ele começa. — Então, por exemplo, se Alice chega a um acordo com B...

Por dez minutos, sem tirar os olhos do rosto dela, ele explica, firme e gentilmente. Quando termina, Muriel ainda tem um olhar vazio e não anotou nada.

— Você vai se lembrar disso tudo? — pergunta. — Deve querer anotar alguma coisa.

Ele é gentil.

Ela resmunga alguma coisa sobre se lembrar e, distraidamente, vira mais páginas. O professor não julga. Está silencioso e imóvel, os olhos fixos nela. Ele tem o tempo que ela precisar.

— Em uma prova... — ela começa.

— Não estou ouvindo — diz ele.

— EM UMA PROVA... — ela recomeça.

Eles prosseguem por outros 20 minutos, fazendo uma dança mental bem esquisita: ela, friamente, faz umas perguntas sem foco e ele responde, às vezes sem ouvir direito o que ela falou e respondendo a uma pergunta que ela não fez. Tenho vontade de intervir: "Não, não, não foi isso que ela quis dizer", mas não falei nada. De algum modo, os dois chegaram a um entendimento.

Ela diz a ele que não está preparada, e ele responde que ela leve o tempo que precisar. Então, talvez para não ofendê-lo, continua a folhear o livro, esperando encontrar alguma pergunta concreta. Ele observa, com paciência.

Por fim, diz suavemente:

— Acho que minhas perguntas são essas. Muito obrigada.

— Tem certeza? — ele pergunta.

Ela faz que sim.

— Então, não se esqueça de ler todas as palavras na prova.

Ela faz que sim mais uma vez e agradece ao professor, tímida, mas respeitosamente, e sai, fechando a porta.

— Professor, posso perguntar sobre a sua infância? — me dirijo a ele, em voz alta.

— Eu não tive infância — diz, sem expressão, e agora quem ri sou eu.

— Soube que foi mensageiro no início da adolescência.

— Quem lhe contou isso?

Vários jornais já haviam publicado matérias sobre Goldstein.

— Nasci em Meriden, Connecticut, e nos mudamos para Bridgeport quando eu tinha 13 anos.

Isto seria por volta de 1910, antes que as leis sobre o trabalho infantil fossem implantadas. Ser mensageiro era um trabalho perigoso, especialmente à noite. O professor diz que trabalhava depois da escola, das cinco às onze.

— Havia algumas ruas em Bridgeport que eram apenas de casas de prostituição. Eram clientes muito bons porque a gorjeta era bem generosa. Acho que pensavam: "Vem fácil, vai fácil." Chamavam o mensageiro apenas para enviar uma carta. Eu era muito jovem, tinha uns 15 anos. Bom, uma noite, a madame abriu a porta e uma menina desceu as escadas, e ela vestia apenas um quimono, o quimono abriu e lá fiquei eu, de queixo caído.

Ele ri muito com a lembrança.

— Eu era muito jovem, sabe? Mas, como digo, eram serviços muito bons. Entreguei um bebê uma vez, também. Uma mulher estava doente, ela pediu para que eu levasse o bebê para a avó. Ela embrulhou tanto o bebê que, ainda que eu caísse, ele não se machucaria. Apareciam uns trabalhos diferentes. Não era fácil, mas a família precisava do dinheiro.

Os pais de Goldstein eram imigrantes judeus russos. O pai era alfaiate. Ele se lembra de que, quando garoto, era doido por beisebol, mas o pai dizia: "Quero vê-lo com um livro na mão." Ele era um filho obediente.

Muitos alunos da Baruch College eram filhos de imigrantes também, que sustentam a faculdade com o próprio trabalho, como ele fez, então é solidário com os esforços dos estudantes.

Outra jovem chega. Esta é alta e muito magra, com cílios muito pintados, cabelo louro puxado para trás em um rabo-de-cavalo. O nome dela é Anna.

Ela dá a volta na mesa e senta-se ao lado dele também.

— Trouxe almoço para mim também? — brinca o professor.

— Não, me desculpe — ela responde, sorrindo de volta.

— Então vou esperar até você trazer — ele dá uma piscadela.

— Soube que o senhor é ótimo — diz ela, com sinceridade, mãos no colo. — E que entende mesmo de direito comercial.

Ele não percebe o elogio.

— Direito comercial? — coloca a mão na orelha. — Estou com pequenos problemas de compreensão. Há diferentes tipos de direito. O direito comercial é um tipo separado.

— Eu não entendo, quando um contrato é modificado... — ela começa.

— Em que página está?

Ela olha para o livro no colo.

— Página 142.

— Não existe página 142!

— Tem que ter! — ela sorri.

O professor parece satisfeito por ela estar preparada e vai direto ao assunto com ela.

— É preciso considerar todos os tipos de contrato...

Ela escuta com atenção e toma notas em um bloco. Ele a observa escrevendo e continua falando. Vez ou outra faz perguntas a ela, que responde corretamente. As sobrancelhas se levantam e ele assente, animadamente, exclamando "está certo!".

É agradável observar os dois. Ele está apreciando a ligação com essa jovem ávida, afoita. Continuam por quase uma hora até Anna dizer que não tem mais perguntas. O professor dá o conselho para prestar atenção em todas as palavras das questões da prova.

— As palavras estão lá por um motivo — explica. — Você vai se lembrar disso tudo?

— Vou me lembrar.

— Vou ligar para você às três da manhã para fazer perguntas — brinca.

— Soube que o senhor dá aulas há 70 anos — diz ela. — O senhor deve adorar. Uau. É incrível.

— É, e quando eu chego em casa, desabo — afirma.

Quando ela sai, começo a fazer as minhas perguntas de novo. Tenho esperança de ter uma noção de como era Nova York no início do século.

— Lembra-se da construção do Empire State?

— Não tenho nenhuma lembrança disso.

— Lembra-se de quando viu o primeiro rádio?

— Não faço idéia.

— Viu Babe Ruth jogar beisebol?

— Não, costumava ler a respeito dele nos jornais. Não tinha dinheiro para ir a jogos de beisebol.

— Lembra-se da quebra da Bolsa de Valores?

— Não, não tenho lembranças disso.

— Pode me dizer alguma coisa sobre a Depressão?

— Foi um período duro. Eu tive sorte porque tinha emprego.

E eu penso: "Aha! Conseguimos alguma coisa."

Ele prossegue:

— Naquela época, eu tinha que mandar dinheiro para casa. Era muito difícil.

— Mandava dinheiro para seus irmãos e irmãs em Connecticut?

Ele assente:

— Eu sabia que eles conseguiriam sobreviver, mas eu queria facilitar as coisas para eles.

Ele lecionava e trabalhava em período integral então.

— Não era fácil, mas compensava.

— Professor, quando o senhor tinha 20 anos, como imaginava que seria a sua vida?

Ele ri ponderadamente.

— Eu achava que não tinha tempo para pensar nisso, entre a escola e o trabalho. Eu tinha que trabalhar em tempo integral e ia a sessões noturnas por sete anos, escola e depois Faculdade de Direito. Eu trabalhava e tinha de estudar em casa. Eu colocava os estudos em dia no fim de semana. Mas não me arrependo.

O modo com que ele fraseia a resposta — "Eu achava que não tinha tempo para pensar nisso" — me faz pensar que, se disse isso, então poderia ter feito de modo diferente. E quando alguém me afirma com tanta ênfase que não tem arrependimentos, parece uma dica.

— Professor, como é seu dia quando não vem ao trabalho?

A voz suaviza.

— Você ficaria surpresa com a rapidez com que o tempo passa. Leio muito. Toma a maior parte do meu tempo.

Ele levanta uma cópia da revista anual de casos de direito comercial que ele prepara para os colegas.

— Faço isso em casa, à noite. Às vezes nem vejo a hora passar. Penso por que estou com tanto sono e percebo que são três horas da manhã. Você se ocupa e não percebe que horas são.

— O senhor mora sozinho?

— Sim — responde, baixo.

— O senhor faz caminhadas?

— Tento andar 1,5 quilômetro por dia. Senão, sabe, os músculos fenecem. A mesma coisa com a mente. Se não a usa, ela fenece.

— O senhor lê jornais?

— Sim.

— O *Times*?

— Na maioria das vezes o *Post*. Gosto das colunas. Dou uma olhada no *Times* às vezes para ver o que estou perdendo — sorri.

— Nunca se casou?

— Não.

— Viveu sozinho todo esse tempo?

— Nunca me comprometi. Tinha problemas em casa com minhas irmãs e meus irmãos e tinha de ajudá-los financeiramente. Achava que, se me casasse, eu não conseguiria fazê-lo. Acho que foi um erro. Acho que teriam sobrevivido sem mim.

Então há um arrependimento.

Não conheço o professor bem o bastante para perguntar se viver sozinho foi uma coisa triste para ele. Houve alguém que ele amou? Alguém não disponível para ele? Ou cuidar dos irmãos foi o único motivo para que ele nunca se comprometesse? E, se foi isso, eles sabem do sacrifício dele? Ele não iria me dizer aquelas coisas aqui, no trabalho dele, entre anotações, e ele recusou meu pedido para que fizéssemos esta entrevista em casa. Ele quer me manter a distância. É justo. Ele deu muitas entrevistas ultimamente e percebo que não gosta de falar do fato de ter 101 anos. E por que me falaria a respeito da sua vida pessoal?

— Parece-lhe bobo que as pessoas se importem com o fato de ter 101 anos?

— Bobo, não, mas não me importo. É só mais um dia. É como andar 15 quilômetros, um passo de cada vez, vivendo e respirando um dia de cada vez, uma semana de cada vez. Sem que se perceba, chega-se aos 100 anos. O corpo não funciona, é claro. Sabe, algumas jovens me cediam o lugar no ônibus. Eu ficava lisonjeado. Pensava, devo ser bonito, mas tirei algumas fotos recentemente e percebo que o motivo não é esse — sorri.

Ele não é hostil, nem mesmo defensivo, ele apenas não vê bons motivos para lidar com o passado.

— Para quê? — questiona. — Não se vive no passado, se vive no presente e, se possível, no futuro. A não ser que se fale nele, não se pensa no passado.

Um terceiro estudante chega. O nome dele é David. Tem barba rala e postura relaxada. Está bem encrencado. A prova dele é em dois dias e não chega nem a estar familiarizado com o material para formular uma pergunta lógica.

— E a performance? — pergunta ao professor.

— O quê?

— Performance em um ano.

— O que tem? — pela primeira vez no dia, o professor demonstra impaciência.

— Quando o contrato começa? — pergunta David.

— De que tipo de contrato está falando? Depende do que está falando — retruca o professor.

Prosseguem assim por mais alguns minutos. David não entende as próprias perguntas, por isso não pode saber se está recebendo uma resposta que possa utilizar. De repente, ele se vira para mim e abaixa a voz.

— Em que rádio vai ao ar?

— Em uma rádio pública, em rede nacional.

— Ganha muito dinheiro com isso?

— Não muito. Mas eu gosto.

— Estou tentando ser ator.

— Não vai seguir carreira?

— Não, é um ambiente muito restrito... Eu não sei... vamos ver para onde o destino me leva — ele sorri para mim. Ainda está usando o casaco e o boné de beisebol está com a aba para trás. De repente, fico sem graça por conversarmos em um tom de voz que o professor não escuta. Olho para Abraham Goldstein, que espera, pacientemente, olhos fixos em David.

David levanta os olhos também, e o professor pergunta se era só isso.

— Acho que sim.

— Boa sorte na prova. Quem é seu professor?

— Graulich.

— Bom professor.

— Não tão inteligente quanto o senhor.

— Claro que não — Goldstein sorri.

— Nem tão bonito também — David faz o possível para demonstrar boa vontade.

— Nem tão jovem quanto eu.

— Posso ir?

— Pode.

— Obrigado, Meritíssimo.

— Certo, boa sorte — despede-se de David, movendo a cabeça com um sorriso exasperado.

— Professor, precisa fazer uma pausa? — começo de novo.

— Não. Você é intrometida — ele sorri, e conversamos um pouco mais. Ele não demonstra nenhuma impaciência comigo, mas também não me conta histórias. Está bem menos interessado em falar de si mesmo do que em estar com os alunos. Consigo algumas passagens da vida dele, algumas anedotas, mas pouco contexto ou pano de fundo. Estou com ele o dia inteiro e desisto.

— E você, tem filhos? — isso surge do nada.

— Não, só eu e meu marido — essa pergunta me perturba. — Viajamos muito.

— Outras pessoas conciliam — diz, secamente.

As palavras dele doem.

— Eu acho que sim.

Concluí que, apesar da natureza gentil e da amabilidade, o Professor Goldstein não queria levar a entrevista ao ponto em que levei. Está pronto para me dispensar, e vou embora.

Do lado de fora está escuro e frio. Uma chuva de início de inverno caiu o dia inteiro. Eu me sentia tão mal que decidi andar, ainda que não estivesse vestida de acordo. Carreguei minha bolsa de equipamentos pela rua, saindo do Baruch College em direção a Madison Square. As poças são profundas em alguns lugares, mas vou em frente, entre bancos vazios de parques, e pingos grossos de chuva caem na superfície das poças em toda parte. Meu guarda-chuva é muito pequeno, minhas costas estão molhadas, minhas luvas, ensopadas. A calçada é curva e prossigo, discutindo comigo mesma sobre como poderia ter feito uma entrevista melhor, pensando em por que não havia conseguido uma conexão com ele e confusa pelo comentário "Outras pessoas conciliam". Encarei como uma crítica, sem dúvida, um exagero.

Continuo seguindo para Chelsea e imagino o professor no ônibus agora, pasta no colo, indo para casa. Mais tarde, vai se sentar na poltrona, sob uma luz, com um bloco a seu lado, imerso no momento presente, fazendo o que ama. Olho para cima e o triângulo branco do Flatiron Building surge à minha frente, e de repente volto no tempo. Uma parelha de cavalos negros se aproxima pela minha esquerda, couro rangendo, cascos batendo, cheiro de cavalo e um condutor de chapéu passa por mim no meio-fio. E, atrás, uma figura curvada em uma bicicleta, sacola de couro jogada sobre os ombros, um esguicho de água que sai do pneu traseiro. É um mensageiro jovem, pálido, pequeno, os olhos concentrados no caminho à frente.

6

Margaret Rawson

"Costumávamos ir almoçar no parque."

Margaret Rawson foi a terceira entrevistada que mudou a minha vida.

Ela vive em uma casa de fazenda de 200 anos chamada Foxes Spy, em uma estrada rural perto de Frederick, Maryland. Uma jovem de voz macia chamada Charlotte Chamberlain me encontra na porta dos fundos, pega o meu casaco e me oferece uma bebida quente. A cozinha é aconchegante, com o teto baixo, gasto, armários de madeira feitos a mão e uma geladeira bem antiga. É de 1928, diz Charlotte, e ainda funciona bem. Há um rádio da marca Crosley Bakelite em uma prateleira, e o leve odor de fumaça de lenha.

Charlotte me guia em direção à sala de estar e passamos por um amplo foyer, agora transformado em escritório. Há um pequeno elevador ao longo da escada, um computador Macintosh, uma máquina de leitura de Raymond Kurzweil e um ampliador de fotos coloridas também. Andamos por sobre tábuas corridas de 30 cm de largura e tapetes persas presos ao chão por fitas adesivas. Uma mesinha com pilhas de livros gravados.

Margaret entra, curvando-se sobre a bengala, dando pequenos passos. O cabelo é ondulado e branco, curto, uma faixa prateada que o mantém afastado do rosto redondo e pálido. Tem o sorriso fácil, olha diretamente em meus olhos e toma a minha mão entre as suas.

Charlotte a ajuda a encontrar uma posição confortável na cadeira, e eu prendo um pequeno microfone de lapela no suéter dela. Coloco os fones de ouvido e escuto um ruído por causa das pás do aquecedor. Margaret instrui Charlotte para desligar e pergunta a ela quem vai assumir o próximo turno. Margaret tem três acompanhantes, em turnos de oito horas.

— É meu grupo de apoio — ela ri.

Charlotte se inclina, beija os lábios de Margaret e dá um "até amanhã".

Ela quer saber sobre meu projeto e respondo, mas me distraio com os problemas físicos que percebo. O corpo é muito fraco e sem energia. Os ombros, curvados. As mãos tremem.

— Como é se adaptar a movimentos tão lentos? — pergunto.

— Você só se move mais lentamente — explica. — Eu sonho que estou andando como todo mundo e então acordo e descubro que não posso. Outra noite sonhei que estava andando pelo quarto e minhas pernas desistiram.

— Sonha que é mais jovem?

— Sim, com freqüência. Mas você gostaria de conversar sobre meu trabalho com dislexia, não é?

Ela não quer falar sobre o corpo em falência, ela quer falar sobre o trabalho. Ela, gentilmente, me chamou a atenção por estar me concentrando na fraqueza, e não na força dela.

Margaret Rawson é perita em dislexia e tem o trabalho conhecido no mundo inteiro. Dislexia é um distúrbio com base na linguagem. Os disléxicos têm problemas em reconhecer e compreender a linguagem escrita. Nos anos 20, como bibliotecária de uma escola progressiva em Rose Valley, Pensilvânia, ela teve o primeiro contato com a dislexia. Naqueles dias, muito poucas pessoas sabiam o que era. Determinada a ajudar os alunos, Margaret aprendeu tudo o que havia sobre o assunto e tomou para si a missão de divulgar que os disléxicos poderiam receber ajuda. Aos 96 anos, lançou *Dyslexia over the Lifespan*, um estudo de 55 anos com alguns desses primeiros alunos. Mostrava que tinham se saído tão bem profissionalmente — em alguns casos, até melhor do que a população em geral — porque tiveram o método correto durante o aprendizado da leitura.

Hoje, os conhecimentos a respeito da dislexia estão bem mais avançados, em grande parte graças a Margaret Rawson. Escolas especiais foram criadas a partir deste legado, prêmios acadêmicos foram dados em nome dela, árvores plantadas em sua honra.

No entanto, sei muito pouco sobre as especificidades do seu trabalho, e então ela me oferece alguns livros que escreveu e me convida para voltar. Passamos o resto do dia falando do passado.

Margaret Byrd Rawson nasceu em 1899, em Rome, Georgia. O pai foi editor de jornal por algum tempo e depois foi para a Costa Rica plantar bananas. A mãe morreu quando ela ainda era bebê, então foi criada pelos avós maternos, que eram quacres* na Filadélfia. Ela se lembra da avó como generosa e sábia.

— No meu primeiro dia de aula, minha avó disse: "Você vai para a escola. Eu sei onde você vai chegar e vai fazer um bom trabalho" — Margaret fala maravilhada, não com orgulho. A avó foi a grande influência na vida dela.

— Minha avó tinha muito orgulho do avô dela, que havia sido coronel no exército de George Washington.

— Sua avó contava histórias a respeito de George Washington? — pergunto.

— Ela me contou algumas.

As histórias incluíam uma piada de 200 anos sobre George Washington e os britânicos, que envolve um banheiro ao ar livre, mas ela me pede para não repetir.

— Minha avó ainda odiava os ingleses — conta. — Ela também odiava os sulistas, mas não me jogou contra a família do meu pai.

Os parentes sulistas tinham terras e escravos.

— Quinhentos escravos. Uma aldeia inteira — revela. — Minha avó andava pela plantação com um grande molho de chaves, pregando

---

* Seita protestante que não aceita sacramentos. (N.T.)

para todas as pessoas que trabalhavam lá, cuidando para que tivessem o remédio de que precisavam. Esse tipo de coisa.

"Meu avô saiu de casa para se juntar ao exército dos confederados", prossegue. "Ele pegou um cavalo e um escravo e voltou sem o cavalo e sem o escravo e com apenas quatro dedos em uma das mãos."

Margaret fala devagar e com cuidado. Nenhuma palavra é desperdiçada. Mas a voz é fraca. Mal consegue projetá-la. Ela tosse e pede para pararmos um pouco. Solto o microfone e a ajudo a levantar-se. Ela pega a bengala e vai até o banheiro.

A casa está quieta. Mais de uma hora se passou desde que começamos. Ouço o tique-taque de um relógio e percebo que levei todo esse tempo para diminuir o meu ritmo, desacelerar a minha mente e simplesmente escutar o que me está sendo dito.

Vinte minutos depois ela volta e começa a me contar sobre um emprego que teve na Filadélfia, um dos muitos que a ajudaram a pagar a faculdade. Trabalhava para a editora da *Saturday Evening Post*, uma das revistas mais respeitadas dos Estados Unidos.

— Eu escrevia cartas para garotos que faziam entregas para assinantes. E tinham contas imensas, como 15 ou 25 centavos, e erravam em coisa de três centavos — ela ri. — Os entregadores eram garotos e eu tinha que escrever cartas para eles — faz outra pausa para tossir e nas palavras que se seguiram sinto uma mudança relativa à percepção; há um clique de silêncio em minha mente. As palavras em si são estranhamente inconseqüentes, mas evocavam uma cena vívida. Posso ver e ouvir e sentir os cheiros como se eu estivesse lá. — Tínhamos um grupo interessante de jovens mulheres que trabalha lá. Nosso escritório era perto do Independence Hall, e costumávamos ir ao parque dos fundos almoçar.

Consigo ver as moças sentadas na grama, de saias longas, os cabelos compridos penteados. Pardais pulam na grama da primavera e cavalos galopam em ruas de paralelepípedo.

Apenas escuto, não penso. É um bom sentimento. Em meu diário, mais tarde, descrevi como "queda". Eu disse que havia "caído" naquele momento com ela. Não consultei minha lista de fatos históricos e não me preocupei com o tempo. Apenas me entreguei a ela e deixei que me levasse aonde quisesse.

Estou sentada perto de Margaret, em um banquinho perto dos pés dela, para que os olhos fracos pudessem me enxergar. O contato visual é direto e às vezes até penetrante. Na maior parte do tempo o rosto dela não tem expressão, mas de vez em quando ela levanta a sobrancelha e se inclina em minha direção, como vi o professor Goldstein fazer com os alunos, e quando isso acontecia, eu tinha lampejos de visão de uma jovem mulher e sentia a curiosidade causticante e insaciável que ainda traz em si.

Ela prossegue, falando do trabalho e dos limites exteriores do próprio conhecimento de como funciona o cérebro humano. E me conta sobre as recentes descobertas da neurologia que podem levar a um melhor entendimento da dislexia.

— Precisamos saber mais sobre como o cérebro funciona em nível microscópico, como os neurônios e a sinapse trabalham.

Estou acompanhando tudo agora, bastante ignorante sobre o cérebro humano, mas cativada pela paixão dela. Não parecia importar-se por eu conduzir a conversa apenas baseada na minha curiosidade. Não se incomodava se minhas perguntas eram bobas. Acredita que só precisamos ter a mente aberta, que podemos aprender a qualquer idade. É uma cientista com um coração otimista.

— A criança humana tem uma longa infância — prossegue. — Desde antes do nascimento até atingir a idade adulta, aprende a processar as coisas e o cérebro muda constantemente. Acho que podemos colocar isso em termos cosmológicos e pode-se dizer que, quando o cérebro humano se desenvolver a ponto de entender a natureza do mundo, será capaz de processá-la. — Entramos em uma discussão sobre o destino da humanidade.

— Quer dizer que o cérebro está evoluindo a ponto de que algum dia os seres humanos serão capazes de entender melhor as complexidades do mundo?

— Sim, seremos capazes de ver conexões e inferir significados em coisas que talvez não entendamos agora, que não somos capazes de compreender. O cérebro humano está em constante evolução e absorve mais e mais do mundo e da natureza, da cosmologia, do universo... Partículas cada vez menores do universo. Uma vez, disseram: "É preciso saber mais sobre todas as coisas, mas é preciso estreitar a visão até que, depois de um tempo examinando coisas tão pequenas, logo saberemos mais e mais sobre menos e menos, então breve saberemos tudo sobre nada." — Ela ri, mas fala a sério. — O cérebro humano está buscando um tipo de perfeição — acrescenta.

Nossa conversa me desperta uma lembrança.

Tenho 11 anos, e estou sozinha na margem do rio que corta o bosque nos fundos de nossa casa. É outono e olho a água seguir a correnteza, da minha esquerda para a direita.

O rio está verde; há um tronco caído e folhas de bordo bóiam por baixo dele, amarelas e vermelhas, as pontas enroladas. Sei neste momento que a vida não melhora. Estou feliz. Ainda não sei que vou morrer ou que meus pais vão morrer. Tenho um irmão e uma irmã e meus quatro avós. Tenho um sentimento de paz e sabedoria. Vejo uma ordem no mundo e sou parte dela. Por um momento, tudo é perfeito.

Margaret e eu conversamos até escurecer e esfriar, e quando vejo que ela está tremendo, me lembro que havia desligado o aquecedor horas antes, para que o recinto ficasse silencioso.

— Acho que está na minha hora de parar.

Margaret me fez pensar em muitas coisas.

Fiquei impressionada com o modo como ela lidava com o corpo em decadência. Ela providenciou todo tipo de ajuda de que necessitava para ter condições de fazer o que quisesse. No estado dela, Margaret poderia facilmente ter desistido da vida, mas continuou, fazia planos para o futuro, e planejava participar da próxima conferência nacional da American Dyslexia Association, no outono.

Mas por mais que eu admirasse o seu ímpeto e suas vitórias profissionais, fiquei intrigada com a sensação de "queda" que tive. Parecia acontecer quando eu estava mais relaxada e escutava melhor. Perdi totalmente o direcionamento da conversa, o que me deixava um tanto inquieta como jornalista, mas eu queria que acontecesse de novo.

Dois anos depois, na véspera de Ano-Novo de 1999, meu marido, Noah e eu fomos à Catedral Nacional de Washington para ficar perto das pessoas. Não entramos para os serviços, mas, em vez disso, fomos para o gramado com vista para o Mall e o Monumento de Washington, a cerca de 5 km de distância. Os fogos começariam à meia-noite.

Famílias estavam bem juntinhas por causa do frio. Os avós estavam pensativos, os pais olhavam as crianças, e os cães, nas coleiras, não sabiam direito o que acontecia, mas pareciam felizes por estarem ali. Percebi que pelo menos uma criança na multidão poderia estar viva daqui a 100 anos. E que talvez essa criança voltasse a esse mesmo lugar, sob essas mesmas árvores para comemorar a chegada do ano 2100.

A multidão começa a cantar: "Dez! Nove! Oito!" Pensei que criança seria... "Sete! Seis! Cinco!" Segurei a mão do meu marido, sabendo que nenhum de nós estaria mais aqui. "Quatro! Três! Dois!" Senti uma onda de amor por ele e por esta noite de ar frio e estes gloriosos sinos repicando, o som se espalhando por toda a cidade como uma revoada de pombos. Então "Um!" e os fogos começam.

7

Harry Shapiro

"Shapiro esteve aqui."

É janeiro de 2000 e está quente demais em Washington. Não temos um inverno com neve há alguns anos, então Noah e eu fomos passar uma semana no Maine para patinar e andar no vento gelado. Alugamos uma pequena cabana perto da água, uma antiga casa de barcos, e é tão frio dentro dela que o forno a lenha precisa ser alimentado a noite inteira.

Nossa viagem também é uma comemoração porque minha série já estreou na NPR e não estou mais nervosa. Encontrei pessoas de 100 anos em ótima forma, e há mais delas do que imaginei.

Entrei em contato com os autores do Centenarian Study da Nova Inglaterra, que publicou os primeiros laudos em 1999. "Envelhecer não quer dizer necessariamente ficar mais doente", escreveram em *Living to*

100. Há uma estimativa de que até 15% das pessoas com 100 anos ainda têm uma vida independente, como Anna, o professor e Margaret.

Mudei o foco da minha série. O que começou como um projeto de História americana agora é uma busca pessoal por modos de viver bem. Ainda recolho lembranças, mas também estratégias.

Enquanto caminhamos, tarde na noite na cidade de Castine, quase uma ilha na baía Penobscot, não há pessoas, nem carros, nem gatos ou pássaros. As casas com revestimento branco enfileiradas nas ruas que levavam até a água estavam às escuras em sua maioria. Algumas possuem grandes termômetros pendurados na janela da frente para que os inspetores de inverno vejam se o aquecimento ainda está funcionando.

Andamos rápido pelo meio da rua, protegendo a boca e o nariz com as mãos, com medo de termos feito um caminho longo demais, e sermos encontrados congelados em uma vala pela manhã. Não há posto de gasolina, loja de conveniência, nenhum bar aberto.

No inverno do hemisfério norte, você se lembra que está em um planeta que se move no espaço. A luz do luar brilha na neve e seus olhos são atraídos para cima. A Via Láctea é uma faixa que se estende de horizonte a horizonte. Você poderia ser puxado para o espaço e ninguém se lembraria de você.

Fevereiro no centro de Manhattan. Está tempestuoso nas ruas do leste e do oeste da ilha, enquanto o vento ruge, vindo do rio Hudson. Escondome no metrô. Meu nariz está escorrendo, procuro moedas nos bolsos, de luva, torcendo a bolsa do equipamento como um molinete, tentando ler o mapa sem óculos. Eu seria uma péssima nova-iorquina.

Finalmente encontro a plataforma correta e me preparo para uma longa viagem no trem A para Washington Heights. Vou visitar Harry Shapiro, que descobri na revista *Life*.

Não confie nas fotografias de pessoas de 100 anos, isso eu aprendi, porque em fotos as pessoas idosas aparentam muito mais idade. A *Life* publicou uma foto do rosto do Sr. Shapiro em tamanho quase real, em que ele aparece com olhos inquietos, manchas de idade na testa, pregas verticais de pele embaixo do queixo, órbitas oculares profundas. A barba está por fazer. Há muito a se olhar. Mas, em pessoa, eu nunca diria que ele tem 100 anos de idade.

O Sr. Shapiro me dá aquele olhar quando chego ao apartamento. É o que recebo de todos os entrevistados. Olham primeiro como crianças. Mas acabo descobrindo que é porque não enxergam ou não ouvem bem, então aprendi a ficar calma e me deixar ser examinada. E eu os olho também, analisando-os. Até que ponto ouvem e enxergam bem? Conseguem se locomover bem? Quem mais está aqui? Será que vai ficar quieto para a gravação?

Uma jovem chamada Leila pega o meu casaco. Harry Shapiro está em pé à minha frente. É mais baixo do que eu, o cabelo está penteado para trás, bem escuro. Está usando uma camisa azul, calças de algodão, suéter vinho e chinelos. Não usa óculos e tem um bigode bem aparado. Aperta a minha mão. De primeira, não sorri.

Shapiro é um pintor e a sala é a galeria dele. Ele está de pé no vestíbulo pouco iluminado, vejo por trás dele pinturas a óleo de cima a baixo na parede, e também a esposa dele, Celia, em uma cadeira, esperando para me cumprimentar. Tem a testa alta e cabelo branco caído do rosto. Ela se conduz com dignidade, mesmo estando sentada. Os Shapiro formam um belo casal.

O Sr. Shapiro puxa uma cadeira para mim no meio da sala. Peço a ele para sentar mais perto e ele se aproxima, sem constrangimento. Prendo um microfone na camisa dele e, percebendo que ele tem audição no ouvido direito, me aproximo mais e começamos. Logo ele sorri.

— Quando vim para esse país, eu era Aaron Shapiro — começou. — Eu disse à professora: "Sou Aaron Shapiro", e ela afirmou: "Bom, agora você é Harry Shapiro" e continuei Harry pelo resto dos meus dias.

Ele fala de si a maior parte das vezes no pretérito perfeito.

— Minha mãe trouxe dois meninos para esse país. Eu tinha cinco anos e meio.

O pai havia vindo antes da família, de Pinsk, na Rússia.

— Eu morria de medo de prédios altos. Eu disse: "Esses prédios vão cair." Eu nunca tinha visto um prédio com mais de três andares.

Essas primeiras lembranças me parecem cansativas. Já deve ter contado muitas vezes, mas está gostando de contar de novo.

A família se instalou no Lower East Side de Manhattan, uma cidade de imigrantes, mas logo depois atravessaram o rio para o Brooklyn, onde o pai trabalhava como alfaiate, e Harry foi para a escola pública.

— Na sétima série, a Srta. Quimby diz: "Vamos estudar a Guerra de Secessão, crianças. Alguém sabe alguma coisa sobre a Guerra de Secessão?" Levantei a mão. "Harry Shapiro, o que você sabe sobre a Guerra de Secessão?" E eu comecei a falar sobre a Guerra de Secessão, comecei a falar de Manassas, Bull Run, Shiloh e todos os campos de batalha, e quando terminei, 15 minutos depois, ela disse: "Harry Shapiro, Harry Shapiro, HARRY SHAPIRO!" — ele bate palmas, como ela deve ter batido. — "Onde aprendeu tudo isso?" Eu disse: "Bom, Srta. Quimby, eu li a respeito dessa guerra. Comecei há dois anos. Eu ia até a biblioteca e pegava livros sobre a Guerra de Secessão."

Quando Harry era menino, a Guerra de Secessão havia acontecido 40 anos antes. Ele se lembra de ter visto veteranos desfilando nas paradas de 4 de Julho.

— Eu ficava doido — comenta, a voz aumentando com a emoção, mas quando a Primeira Guerra eclodiu, Harry era jovem demais para servir. Em vez disso, se inscreveu na Cooper Union for the Advancement of Science and Art, estudava à noite e arranjou um emprego desenhando roupas femininas para companhias de catálogos. Começou a pintar, também. Montou um estúdio no porão do pai.

— Meu pai perguntou: "Harry, quem é esse tal de Picasso? Li uma matéria sobre ele no jornal judeu." Eu afirmei: "É o maior artista vivo."

Harry se apaixonou pela arte, mas também era trabalhador e prático. Conheceu Celia, formaram uma família e ele continuou trabalhando nos catálogos.

— Gostava do trabalho?

Ele dá de ombros.

— Eu tinha que sobreviver. Fazia as duas coisas: arte comercial e belas-artes. — A arte era o alimento dele.

— Sábado era meu dia de folga — lembra. — Eu aproveitava para ir a exposições de outros pintores. Eu fazia anotações.

Quando aconteceu a Segunda Guerra Mundial, Harry estava velho demais para servir. Um dia, em Manhattan, durante a guerra, ele estava em um ônibus, parado em frente à B. Altman & Company, uma loja de departamentos.

— Vi uns 15 oficiais cegos sendo levados para a Altman — diz ele, e pára abruptamente. Por um momento eu não entendo por que e então percebo que ele pressiona os lábios com força, para evitar o choro. Depois de um momento longo e estranho, completa. — Três de meus amigos morreram na guerra.

Celia rapidamente quebra o silêncio, para aliviar a repentina angústia do marido. Fala em voz alta, atrás de mim. Ela está ansiosa para me dizer o quanto admira o marido. Viro-me para olhar para ela.

— O que quer que ele fizesse, ele vinha até mim e conversávamos. Se eu não concordasse, falava para ele. Era disso que eu gostava naquele homem: ele pensava. Não é um homem que chegava em casa, pegava o jornal e dormia. Você conversava sobre tudo — ela dá uma sonora gargalhada, uma gargalhada melodiosa, crescente.

— Diga, Neenah, quer almoçar conosco?

Ouço as panelas na cozinha. É dado a mim um lugar entre Harry e Celia. Leila serve sopa, bolinhos de matzah, *bagels* e pasta de beluga e, silenciosamente, as cabeças se inclinaram para comer. Fiquei maravilhada em perceber que estava naquele apartamento há umas duas horas e já estava comendo com eles como se fosse rotina. Eu me senti à vontade, como se estivesse na casa da minha avó.

Comemos sem falar muito e Leila tirou a mesa.

— Neenah — Celia pergunta —, você tem filhos?

— Não, não tenho.

— Bem, você ainda é jovem. — Não sei se ela consegue perceber que tenho 45 anos.

Harry se levanta da mesa, diz que vai me mostrar algumas pinturas e me leva de volta para a sala de estar. Ele pega um livro de arte de uma prateleira perto da cadeira onde está sentado, abre-o sobre o colo e começa a folhear as páginas pesadas e brilhantes vagarosa e respeitosamente.

— Meu pintor favorito é Paul Cézanne — revela, olhos no livro. — Para mim, ele foi o maior pintor do período moderno. Ele colocou a arte no caminho da modernidade. Ele me influenciou.

— Em quê?

— As cores, o traço, tudo. Sabe que um dos quadros dele foi vendido por US$60 milhões? Ah, eu não devia fazer isso... É uma grande obra de arte, ainda que fosse vendida por US$60. Olhe, é isso do que mais gosto no trabalho dele — Pára para admirar uma imagem. Os dedos tocam a página levemente. Vai até um retrato. — Esta é a esposa dele. Ela costumava dar muitas broncas nele.

Celia ri do outro lado da sala.

— É ele, o homem em pessoa — diz Harry calmamente. — Este é Cézanne.

A emoção ressurge em sua garganta e ele faz uma pausa até que passe. Vira a página.

— Esta é uma pintura maravilhosa, duas pessoas jogando cartas. Que pintura magnífica é, que representação maravilhosa. Olhe como ele pintou as roupas, a qualidade da tinta. É o renascimento da arte em um sentido amplo. Quero mostrar a você outra pintura que adoro.

Continua a virar as páginas com ternura.

— Este é meu Cézanne favorito, uma jovem italiana. Olhe como ela está pensativa.

— Fala com muito amor — comento. — Parece que sente como se conhecesse Cézanne.

— Este homem era um grande pintor, cheio de poesia e encanto. Cézanne tem fogo nas veias. Cor, traço... ele tinha tudo isso e surgiu tarde na vida dele, nos últimos seis ou sete anos.

— Em que período da vida o senhor pintou melhor?

— Agora.

— Está em constante melhora?

— Sim. Eu quero mostrar-lhe uma das minhas. Quer ver no estúdio?

Vamos até um quarto nos fundos. O estúdio de Harry. O piso é de madeira. Em um canto, perto de uma janela, ele tem uma pequena mesa onde faz os esboços. Há pinturas em todas as paredes. Retratos, principalmente, e quadros vivos bucólicos com figuras humanas. Reconheci os mesmos tons de Cézanne. Há uma pintura ainda sendo feita em um cavalete. Uma mulher toca violino, o braço arqueado. Atrás dela está uma criança de calça curta e com uma camisa rosa-pálido sem mangas. Os pés estão ocultos na grama. Atrás deles, um arbusto florido e um passarinho vermelho pousado em um galho. O céu é bem azul. É uma pintura calma. Ele conta que se inspirou em Bach.

Ele prossegue, narrando o que está nas paredes, me mostrando outros esboços e mais pinturas: um retrato dos pais de Celia, General Hancock com um bigode. Ele foi "ferido na Guerra de Secessão", afirma Harry, sério. Chegamos até um rosto de uma mulher altiva, com a compleição generosa, olivácea e um olhar direto.

— É uma imperatriz romana. Vi uma mulher no metrô uma vez e achei que se parecia com uma imperatriz romana. Fiquei ansioso para chegar em casa e pintá-la.

O rosto da estranha despertou alguma coisa em Harry Shapiro há 50 anos e ainda hoje desperta. Ele imortalizou uma estranha. O mistério que ele criou lhe dá prazer.

— Por que tem sido tão importante ser pintor?

— Não é mais do que ser pai, mas ser pintor é realizar uma porção espiritual da vida. A capacidade de juntar coisas e fazer dela experiências visuais e espirituais. O que você viu? O que você ouviu? Descobri que há uma sede de longevidade; você quer deixar uma mensagem para quem vem depois. "Papai esteve aqui. Vovô esteve aqui. Ele sentia isso pelas crianças." Uma autobiografia, é o que é. "Shapiro esteve aqui."

De volta à sala de estar, o sol de fim de tarde de inverno entra pelas janelas por trás dele. O tamanho modesto do apartamento lhe é irrelevante, parece. A vida dele tem sido de idéias e de busca espiritual. Ele tem as pinturas, os livros. Tem orgulho das filhas e ama a esposa. Mas ainda continua inquieto.

— Eu gostaria de mais uma vida com a arte. Gostaria de pedir ao Chefe: "Me dá outra chance." Ainda acredito em Deus.

— Pensa no que acontece após a morte?

— Vou estar por perto de algum modo. Posso ser um flash de luz, uma luminosidade. Às vezes, quando vejo televisão, algo luminoso aparece frente a meus olhos, alguma coisa sai de mim. Eu não sei o que é. Uma luz emana de meus olhos. Talvez isso seja a alma, eu não sei. Todos nós temos alma, não há dúvida disso. Onde Ele está, do que Ele é feito, eu não sei. Ele pode ser eletricidade, uma força da natureza. Eu sei que há alguma coisa que é a chave deste mistério. Rezo antes de começar um quadro e enquanto estou trabalhando nele. É por isso que quero outra vida.

— O senhor quer mais 100 anos?

— Mais ou menos isso. Talvez 50, 70 sejam suficientes da próxima vez. Eu gostaria de estar aqui de novo, me casar com a mesma mulher.

Às vezes, à tarde, Harry e Celia tiram uma soneca juntos, deitam-se na cama e escutam música, de mãos dadas.

E quando a luz está boa — nem tão clara, nem tão escura —, Harry senta-se à janela do estúdio e pinta. Ele trabalha com urgência. Em alguns dias, as mãos tremem, uma das muitas chateações que vêm com a idade.

— Estou velho — ele acrescenta.

— E como é? — pergunto.

— Acho que não estou gostando. Olho para o futuro com apreensão. Digo a mim mesmo: "Mais quatro ou cinco anos, e eu faria pinturas muito boas." É o que digo a mim mesmo. "Faça valer a pena com boas pinturas." Vou tentar.

— E isso o faria feliz?

— É o que me faz feliz, sim. Shapiro esteve aqui.

Em toda a vida, Shapiro vendeu apenas um quadro, mas ele nunca pintou por dinheiro.

Chegou aos 100 anos em uma forma física muito boa, nunca teve uma doença mais grave, e pesquisadores da Escola de Medicina Albert Einstein, no Bronx, estão examinando-o para descobrir por quê.

— Sabe o que prolonga a vida? — indaga Harry. — Arte e música. Além disso, ter um coração cheio de amor. É o mais importante.

8

Sadie e Gilbert Hill

"Sadie não consegue dormir até depois das seis."

Encontrar uma pessoa de 100 anos ainda casada foi uma surpresa para mim. Mas quando conheci Harry Shapiro, em Nova York, fiquei tão fixada no fato de ele ser um artista que, como tola, fui negligente e não perguntei a ele ou à esposa, Celia, muitas questões sobre o longo casamento, que estava bastante claro, era parte do motivo de ele estar tão contente. Sentia uma busca espiritual, mas não estava sozinho.

Um mês após, como que por milagre, tive outra chance de conversar com uma pessoa de 100 anos ainda casada — duas, na verdade, marido e mulher que moravam na Flórida, ambos com 100 anos. Os pesquisadores do Centenarian Study da Nova Inglaterra dizem que as chances de duas pessoas casadas chegarem juntas aos 100 anos são de seis milhões para uma. Sadie e Gilbert Hill são indiferentes em relação ao incrível feito.

— Isso nunca nos preocupou — brinca Gilbert.

"AI, MEU DEUS!", eu quero gritar. "Casados há 80 anos!", mas fico quieta e deixo que falem. Gilbert fala muito. Sadie, não. Ela não entende por que continuar com o assunto.

— Os dois moram aqui sozinhos? — pergunto.

— Sim — responde.

— E os dois cozinham juntos?

— Sim.

— E fazem as compras também?

— Mmm-hmm... Sim.

— É bem incomum.

— É só a força do hábito, eu acho.

— Não acham que precisam de ajuda?

— Não até agora.

Sadie tem sotaque. São da Nova Inglaterra, legítimos ianques. Nasceram fazendeiros e meticulosamente economizaram dinheiro e começaram a vir para a Flórida central no inverno de 1951. Era bastante agrícola, então. Encontraram uma cidadezinha calma, cercada pelas plantações de laranja.

— Quando viemos para cá, tínhamos acabado de comprar um carro novo, um Mercury — conta Gilbert. — Custou US$2.450. Era tão bom quanto os carros de hoje, só não tinha todo esse embelezamento.

Fizeram 76 viagens entre a Flórida e a casa deles, perto da via férrea Vermont–Massachusetts. Isso foi antes da construção da Interestadual 95, quando então pegavam a Rodovia 301 o caminho todo. Em alguns lugares, ainda nem estava asfaltada.

— Mil e oitocentos quilômetros — continua Gilbert. — Levávamos três dias e duas noites. Eu só queria dirigir 800 km por dia naquela época, e mesmo depois da construção da 95 continuamos a utilizar a 301, passando por cidades como Sassafras, Maryland e Pee Dee, na Carolina do Sul.

Finalmente pararam de vir de carro do norte para o sul, compraram um carro para deixar na Flórida e passaram a viajar de avião. Agora ficam aqui o ano inteiro.

Sadie e Gilbert Hill nasceram no centro-norte de Vermont, separados apenas por um vale. Os dois viviam em fazendas de produção de laticínios. Gilbert se lembra da primeira vez em que viu Sadie, em um baile em Hardwock. Era 1917. Ele foi bastante insistente.

— Eu andava oito quilômetros para chegar até ela e mais oito para voltar para casa, só para passarmos duas horas juntos. Fiz isso por diversas vezes no inverno.

Se ele fosse a pé, a distância era menor do que se fosse a cavalo pela estrada.

— Quando eu ia buscá-la para irmos aos bailes, eram 16 quilômetros. Eu ia pegá-la e íamos ao baile, trocava de cavalos com meu irmão e a levava em casa.

Eles se encontravam a cavalo e charrete, e no inverno andavam em um trenó, com um lençol e uma lanterna e pedras aquecidas sob os pés.

Em uma noite de inverno, depois de deixar Sadie em casa, Gilbert estava sozinho no trenó, puxado por um único cavalo chamado Príncipe, quando adormeceu apegado às rédeas. Normalmente, não seria problema, já que o cavalo conhecia o caminho de casa. Mas naquela noite Príncipe seguiu reto ao fazer uma curva, e um dos patins do trenó bateu em uma pedra, derrubando Gilbert. Ele segurou firme nas rédeas, e foi arrastado colina acima atrás de Príncipe no que ele chama de "sulco", onde as patas do cavalo reviram a neve, e toda aquela lama gelada foi parar no peito da camisa de Gilbert. Ele dá boas gargalhadas.

— O cavalo estava bem — lembra. — Não se molhou nem a metade do que me molhei! Se eu não tivesse me segurado, ele teria chegado em casa sem mim!

Um verso de uma antiga canção de Ação de Graças me vem à cabeça, "Over the River and Through the Woods": "O cavalo sabe conduzir o trenó pela neve branca..."

Sadie e Gilbert se casaram em 1920 e logo foram contratados como caseiros por um milionário proprietário de terras. Gilbert trabalhava com o gado, um rebanho de mais de 100 cabeças da raça Jersey, e parte do trabalho dele era levar os animais para feiras em toda a Nova Inglaterra. Sadie cuidava da casa, carregando água para cima e para baixo, e para ajudar no orçamento hospedavam dois homens que tinham namoradas na cidade. Sadie diz que tinha manter as camisas brancas deles lavadas e passadas.

Em 1929, o patrão deles perdeu a fazenda na quebra da Bolsa de Valores, mas Sadie e Gilbert haviam economizado e, em 1931, compraram a própria terra. Tinham dois filhos e continuavam a trabalhar duro. Gilbert se lembra de que homens sem trabalho durante a Depressão faziam "bicos" com o Civilian Conservation Corps (Grupo Civil de Conservação), plantando árvores ou entrando nas matas para destruir ninhos de lagartas.

Durante a Segunda Guerra Mundial, Gilbert arrumou um emprego em uma fábrica de armas e Sadie e as crianças ordenhavam 20 vacas por dia. Ela diz que não se importava com o trabalho. Ela gostava dos animais e da vida ao ar livre.

— Foi bom enquanto durou — conclui.

Sadie e Gilbert estão sentados lado a lado enquanto conversamos, relaxados e atentos, e se divertem, acho, com minhas perguntas.

Gilbert é pequeno e rijo, Sadie é delicada e faceira. O cabelo dele é esticado cuidadosamente, o dela é curto e escovado. Os dois têm lábios finos, que pressionam quando sorriem. E usam relógios com correias flexíveis, quase na metade do antebraço esquerdo.

De vez em quando, Gilbert busca a mão de Sadie.

Pergunto sobre a rotina deles e Gilbert fala com entusiasmo.

— Temos que acordar às seis. Sadie não pode passar das seis. Das cinco, normalmente. E às seis ela já está cheia de disposição. Se ela tivesse durante todo o dia a mesma energia das manhãs, não sei onde iríamos parar! — Sadie concorda com um leve movimento de cabeça.

— Ela sai da cama... Eu cronometrei esta manhã, só por diversão. Eu me levantei primeiro, mas enquanto eu estava no banheiro, ela se levantou, veio até aqui primeiro e fez o café. Voltou, se lavou, se vestiu e tudo em apenas 12 minutos após sair da cama... apenas 12 minutos esta manhã! Eu marquei no relógio.

Sadie sorri:

— Não tenho mais segredos.

Gilbert continua:

— Eu a cronometrei. Não é longe do fogão até o local do café da manhã, bem no fim do balcão.

— Então tomam café juntos? — pergunto.

— Ah, sim.

— E depois lêem o jornal?

— Depois de lavarmos a louça, nos sentamos e lemos os jornais por algumas horas.

— A que horas jantam?

— Jantamos às seis horas. Almoço ao meio-dia, jantar às seis, uma coisinha antes de nos deitarmos, às onze da noite. Costumávamos tomar café, mas então o médico me disse que não estava sendo bom.

— Então o que lancham agora antes de dormir?

— Suco de laranja e um biscoito. E ela tem uma bebida especial, receitada pelo médico.

— Isso mesmo — diz Sadie.

— Dormem juntos?

— Ah, sim — responde Gilbert.

— O senhor ronca? — pergunto a Gilbert.

— Não muito. Ela dorme sobre o lado esquerdo desde quando nos casamos, então ela não ronca.

Não consigo perguntar a eles sobre sexo. Parecem recatados, especialmente Sadie. Não que eu esteja acostumada a falar com as pessoas sobre a vida sexual delas. E, num retrospecto, não me arrependo de não ter perguntado. Eles teriam achado que seria grosseiro, além dos limites de nossos assuntos.

As perguntas que faço se encaixam em duas categorias: como era a vida deles nos anos 20 e 30 e como era a rotina deles agora.

Naquela época era apenas trabalho; agora, têm vida social. Sadie fala sobre os encontros e jantares:

— Pertencemos ao Grange e vamos até lá duas vezes por mês. Pertencemos a outro clube, também, é onde vamos aos bailes. E há também "shuffle"...

— "Shuffleboard"? — Ela se refere a um jogo inglês do século XV, muito praticado em navios e que não requer esforço físico.

— Ah, sim, têm uma grande quadra coberta de "shuffleboard" para que toquem na chuva ou em qualquer tempo; e pertencemos à Igreja Metodista.

— Que tipo de dança preferem?

Gilbert responde:

— Dançamos valsa e em compasso de dois tempos. Costumávamos dançar quadrilha, mas colocaram um homem para tocar órgão, e tinha um alto-falante na frente dele, e ele dizia os passos junto com o órgão.

Mas nós não ouvíamos. Temos que usar essas coisas... — bate no aparelho de surdez. — E não funcionam bem, então deixamos de dançar quadrilha. Se eu tirar o meu, não escuto nada, nadinha.

Passamos juntos horas agradáveis. Gilbert se levanta apenas uma vez, para me mostrar uma fotografia de Sadie ainda jovem. Eles são agradáveis e divertidos, mas falavam muito pouco do que eu não perguntasse diretamente. Quando eu disse a eles que a entrevista iria ao ar no rádio, em cobertura nacional, fiquei surpresa quando Sadie me pediu que ligasse para o filho e para a filha e que avisasse dia e hora. Os filhos não foram citados na conversa.

Antes de eu ir embora, fomos até o lado de fora e permitiram que eu tirasse fotos deles entre as rosas e, sob o sol quente, nos despedimos. Eles pediram para que não mencionasse a cidade em que viviam porque estavam começando a receber muitos telefonemas de repórteres. Concordei. Ficamos na calçada conversando fiado e percebi que na verdade eu estava adiando a despedida porque sabia que nunca mais os veria de novo.

Quando cheguei em casa e tentei escrever sobre eles para a série no rádio, Sadie e Gilbert Hill eram um verdadeiro mistério para mim. Eles não me deram nenhuma pista sobre a longevidade e não tinham nada particularmente revelador sobre o longo casamento, também.

Ouvi a entrevista várias vezes, procurando por pistas, e sempre voltava à parte em que Gilbert descrevia a rotina matinal. ("Temos que levantar às seis. Sadie não consegue dormir até depois das seis.") Ele foi tão enfático; foi a maior emoção que ele demonstrou o dia todo.

Liguei para o filho deles em Vermont e ouvi a voz de Gilbert, 25 anos mais jovem. Kenneth Hill é aposentado do serviço postal. Muitas das lembranças da infância são de trabalho duro.

Ele conta que Gilbert era "um touro para o trabalho" e "firme como casca de árvore".

— Já eu sou preguiçoso — prossegue. — Gosto de jogar golfe.

Na opinião dele Sadie e Gilbert não sabem como é fenomenal um casamento tão longo.

— Eles simplesmente dão certo juntos. Mas quando o primeiro morrer... um não sobrevive sem o outro. — Em seguida, pergunta se eu sabia que Sadie teve um câncer no ano passado.

Não houve nenhuma menção a respeito.

Ouvi a fita de novo e agora percebo o medo de Gilbert de perder Sadie; o fato de ela colocar o café na mesa em "apenas 12 minutos" era um sinal de que estava tudo bem.

Volto às fotografias que tirei deles entre as rosas. Gilbert se empina, barriga encolhida, tem ombros largos, testa alta e o nariz longo e fino. Ele olha diretamente para a câmera, sem sorrir. Sadie é mais baixa, um pouco curvada, mas também em boa forma. As sobrancelhas estão levantadas, mas ela também não sorri. Ficam lado a lado e, na sombra entre eles, podemos ver que Gilbert segura o braço dela para equilibrá-la, para mantê-la perto. Ele sabe que não duraria muito sem ela.

Depois que visitei Sadie e Gilbert, começou a crescer em mim um leve pânico de perder meu marido.

Meu casamento é tão curto — apenas 14 anos —, se comparado ao de Sadie e Gilbert. Como têm sorte por passarem tanto tempo juntos! O que posso fazer para que os anos que eu e meu marido ainda temos juntos sejam mais significativos?

A cada manhã daquela primavera, eu acordei ao amanhecer e ficava na cama com a janela aberta, ouvindo os primeiros pássaros, ouvindo os trens do Metrô vindo de Silver Spring. Noah estava aquecido e em silêncio a meu lado. Ao pressionar o ouvido contra o colchão, eu ouvia o coração dele, e o eco.

Está aqui agora, penso. Está aqui agora.

9

Ruth Ellis I

"Sou uma pessoa comum."

Vi Ruth Ellis na revista *Ms.* e a achei muito bonita: rosto pequeno, cabelo branco e a pele negra, macia, as mãos nas bochechas, em um gesto de timidez. "A lésbica negra viva mais velha dos EUA", o artigo dizia. Muito antes de eu conseguir o telefone dela, muitas matérias foram publicadas a seu respeito em todo o país e foi produzido um filme sobre a vida dela, *Living with Pride: Ruth Ellis @ 100.*

Ruth mora no centro de Detroit em um prédio de apartamentos simples, subsidiado pelo governo federal. As pessoas dizem que o centro está se revitalizando, mas nessa manhã de abril as ruas estão desertas.

Há fachadas de lojas vazias e esquinas cheirando a gordura, onde se compram cachorros-quentes com chili e cebola. Na Michigan Avenue ou na Grand River ou Woodward, sinais de trânsito balançam ao vento.

Detroit me é familiar. Cresci a oeste daqui, a 30 km de Gary, Indiana, que também é plana, industrial e onde também venta bastante. Podíamos ver o brilho róseo de fornalhas no horizonte à noite. Eu pensava que eram naquelas altas chaminés nas siderúrgicas que as nuvens nasciam.

Toco a campainha na entrada principal e Ruth abre a porta eletrônica. Alguns homens e mulheres estão sentados no saguão de luz fluorescente, apenas vendo quem entra e sai. No elevador, uma jovem ossuda, com poucos dentes, sorri, amável. Ela tem o aspecto confuso de um viciado em drogas ou alcoólatra, mas os olhos estão concentrados.

— Estou muito feliz porque voltei a estudar — ela me diz. — Espero que entenda por que estou tão feliz.

O elevador se move, silencioso, entre os andares. Um homem de muletas entra em algum andar e sai em outro, silenciosamente.

No 13º andar, encontro o apartamento de Ruth e bato com força.

— Já estou indo! — ouço uma voz lá dentro.

Quando ela abre a porta, fico espantada com a sua baixa estatura. Talvez 1,50 m, magra, elegante e bonita.

Sentamos no sofá de dois lugares na sala de estar e conversamos à toa. Na mesinha de centro, muita correspondência, incluindo um boletim de um grupo chamado *Golden Threads* (Linhas Douradas), um clube de correspondência para senhoras lésbicas. Ela me mostra uma que contém o perfil dela: "Idade — 99, negra, 1,49 m, 52 kg, concluiu os estudos em Springfield, Illinois. Gosta de dançar, de boliche e de música clássica. Temperamento meigo. Solteira. Antiquada. Não bebe nem fuma. Gosta de receber cartas. 'Nunca é tarde para amar'."

Reservei a semana inteira para estar com Ruth. Finalmente havia me convencido de que precisava passar mais tempo com essas pessoas e deixar que as entrevistas seguissem o ritmo delas, e não o meu.

Foi combinado que levarei Ruth para East Lansing, Michigan, hoje, onde ela vai falar para estudantes na Universidade Estadual de Michigan. Mas primeiro vamos até a casa da velha amiga Sarah Uhle.

Ruth me pede para colocar uma cadeira de rodas na mala do carro, mas acho difícil acreditar que ela vá usar. Ela se move bem, com boa coordenação, apesar de reclamar de rigidez. No carro, Ruth se mostra simpática e aberta. A audição é excelente, e a visão também. Parece confiante e bastante lúcida. Está usando uma boina Kangol cinza, masculina, que dá a ela uma aparência elegante.

Quando chegamos à casa de Sarah, em Lansing, vejo outro lado de Ruth. Ela é infantil e passiva na presença de Sarah. Sentam-se no sofá, quase abraçadas. Ruth pousa a cabeça no amplo peito de Sarah.

— Rith gosta de mulheres robustas — Sarah sorri.

— Ela é meu prêmio — Ruth diz, fechando os olhos.

Elas se conheceram há cerca de 20 anos. Ruth era uma aposentada feliz, conta, viajando, pela primeira vez na vida — para a Califórnia, Niagara Falls, Nassau, Cidade do México —, com grupos de idosos. Participava de uma liga de boliche, ia a bailes, jogava sinuca e fazia aula de ioga. Gostava de ser idosa. Ela diz que foi a época mais feliz da vida dela, até aquele ponto.

Quando Ruth completou 80 anos, a vida mudou. Uma mulher chamada Jaye Spiro, uma amiga de Sarah, foi até o centro de idosos um dia, dar aulas de autodefesa. Ruth gostou dela de imediato.

— Achei que ela era lésbica — conta. — Ela se vestia como lésbica, mas eu nunca havia conhecido uma lésbica *branca*. Eu não tinha muitas ligações com gente branca.

Ruth mandou um cartão para Jaye, perguntando se ela queria sair para conversar e convidou-a para jantar.

No filme sobre Ruth, Jaye diz que identificou-se com Ruth, e perguntou: "Está fazendo suposições sobre meu estilo de vida?", e então começou a dizer a todas as amigas dela sobre uma incrível senhora que ela havia conhecido. Logo Ruth começou a receber telefonemas de toda a cidade. Mulheres queriam levá-la para lanchar, para dançar, convidavam-na para jantar. A comunidade de lésbicas brancas de Detroit adotou Ruth como avó. Precisavam de um modelo. Havia poucas lésbicas idosas assumidas, e Ruth era muito divertida.

Sarah Uhle estava entre essas mulheres. Ela tem voz grave e olhos profundos, brilhantes. É suave e curvilínea, perto da magreza de Ruth, é carinhosa e maternal e Ruth gravita em torno dela, e a toca, aconchegando-se sob o braço dela.

Sarah vive em uma casa antiga e confortável em Lansing com duas outras amigas de toda a vida e um cachorro meigo e velho chamado Smiley. Há um quarto extra nos fundos da casa onde Ruth fica quando vem para a cidade. Tem um banheiro, equipado com corrimão de segurança e uma porta de correr. Aqui, Ruth é uma das meninas e também uma honorável senhora.

Carolyn Lejuste, uma das amigas de Sarah, paparica Ruth: "Vai passar a noite conosco? Ruth, quer um sanduíche? Ruth, está bem aquecida? Aqui, vou ligar o aquecedor para você." As mulheres cozinham para Ruth, brincam com ela, se interam das novidades: por onde ela andou, quais são os planos.

Ruth comenta com elas que está ficando cansada. Depois de hoje, ela afirma, quer parar com as aparições. Desde o 100º aniversário, no verão passado, ela fez mais de 100 aparições e agora, fala, é hora de parar. No ano passado ela esteve em Washington, capital, para o Dia do Orgulho Gay, e em San Francisco para a Dyke March,* onde falou para uma multidão de 40 mil pessoas. Esteve em Toronto e na Carolina do Norte, e em Provincetown para um encontro do grupo *Golden Threads*. O que quer que Ruth quisesse, as amigas lésbicas faziam acontecer; eram "realizadoras de desejos" particulares.

— É, eu digo a essas meninas o que quero e se realiza na maioria das vezes — diz Ruth.

— Por que tudo isso aconteceu com você? — pergunto.

— Eu não sei — responde. — Meio que caiu do céu.

Mas Ruth sabe que é uma inspiração para todas essas mulheres e da influência que exerce nas mais jovens, principalmente. Vamos para o

---

* Parada de lésbicas. (N.T.)

campus da Universidade Estadual de Michigan em East Lansing para o compromisso. É o dia seguinte da vitória do Spartans no campeonato da NCAA; vai haver um desfile mais tarde na capital do estado.

O campus é aberto, bate um gelado vento noroeste. O estacionamento fica distante da sala de aula, e Ruth opta pela cadeira de rodas.

Nancy Nystrom vem nos encontrar no corredor, ela é a professora da turma para a qual Ruth vai falar. Podemos ouvir a voz de Ruth ecoando por trás de nós na sala de aula enquanto os alunos assistem ao filme sobre sua vida. Logo, Ruth se vê diante de 100 pares de olhos atentos. São estudantes de serviço social, a maior parte com menos de 20 anos. Estão olhando para Ruth. Ninguém diz nada. Nenhum deles, soubemos, jamais havia mantido um contato mais próximo com uma pessoa com mais de 65 anos que não fosse parente.

— Não fiquem tímidos — Ruth diz em voz alta. — Sou uma pessoa comum.

E então uma voz tímida:

— Como se sente visitando universidades?

— Não me importo. Talvez vocês possam se inspirar em uma pessoa mais velha. Muita gente não conhece uma pessoa mais velha. Sabem, não vamos largar o osso tão cedo...

Há uma gargalhada geral, incluindo Ruth. Ela leu a mente deles e quebrou o gelo.

Uma mão se levanta:

— Eu gostaria de saber o que a senhora gostaria que *nós* soubéssemos, já que vamos ser assistentes sociais.

Admiro a forma direta com que esta pergunta foi feita. Ruth vê uma abertura.

— Eu gostaria que as pessoas mais jovens se interessassem mais pelas mais velhas. É um pouco sobre isso que falo. Eu sei que todos são ocupados, que o mundo anda rápido demais, acho, e vocês não têm muito tempo para a diversão, mas há muitas pessoas mais velhas que perderam as famílias, que não têm ninguém. Há muitas pessoas solitárias. E eu acho que se os mais jovens simplesmente escolhessem uma pessoa mais velha para visitar, para levar a um show ou para almoçar, alguma coisa assim... Algumas delas estão confinadas, não vão a lugar algum, e isso não é nada bom. Eu tinha uma amiga — viveu até os 100 anos — e então resolveu que estava cansada. Parou de comer e foi embora.

Ruth faz uma pausa para que suas palavras sejam assimiladas e os alunos fazem silêncio. Então completa:

— Eu não quero me cansar. Quero viver o mais que puder.

Eles riem. Esta é outra Ruth que vejo. Forte e animada, se alimentando da energia deles.

As perguntas continuaram por uma hora.

— O que diria ao resto do mundo sobre a aceitação da comunidade de gays e lésbicas?

— Não vejo uma grande diferença nos estilos de vida. Somos seres humanos como eles. Não sei qual é o argumento, por que nos odeiam tanto.

— Ruth, você enfrentou muitas adversidades. O que permitiu que superasse tudo?

— Não tive muitos problemas. Tive apenas uma vida comum. Tive uma vida bastante fácil.

Ruth acredita nisso, mas eu acho que o que ela quer dizer é que não se sente atingida pela discriminação. Se se aprofundar na questão, ela vai admitir que os negros e as mulheres e as lésbicas enfrentam dificuldades.

— O que acha da educação sexual nas escolas?

— Ah, querido, você me pegou — declara. Ela sabe que ririam disso e faz cena por um momento, balançando a cabeça, mas então fala sério. — Eu acho que lidamos com o sexo cedo demais. Acabe de estudar primeiro, depois pense em sexo. Como pode criar filhos sem uma formação? Todas essas crianças sem pais... Eu acho que não deviam falar de sexo tão cedo. Eles têm a vida inteira para falar sobre sexo.

Faz uma pausa para causar o efeito. Ela sabe o que vem a seguir.

— Até os 95 anos, pelo menos, isso eu posso dizer! — isso, é claro, coloca a casa abaixo.

Logo depois a Dra. Nystrom agradece a Ruth, dá a ela uma camisa dos campeões da NCAA e convida os alunos a conversar com Ruth em particular.

— Gosto de abraços! — Ruth anuncia, e imediatamente forma-se uma fila que atravessa a sala de aula.

Alguns se curvam e ela olha para aqueles rostos jovens, radiantes. Alguns se ajoelham para que ela possa olhar diretamente nos olhos deles. Ela ouve cada um, fazendo perguntas sobre eles, o que estudam, de onde são.

Neste momento, envolvida, curiosa, calma, sábia, Ruth me parece que não envelhece, quase jovem, como alguém que tivesse entrado à toa naquela sala de aula e resolvido sentar na velha cadeira de rodas que alguém deixou para trás. Ela é tão pequena que coloca os pés em cima dos descansos, que não foram abaixados. Não se podia dizer de que década ela era. Ela é digna e reservada ao mesmo tempo.

Os jovens reagem bem à receptividade dela. Ela não faz sermões, e encontra algo louvável em cada história que ouve.

— Ah, você está se aprofundando muito agora — diz, para um.

— Eu não consigo acompanhar — era uma pergunta sobre tecnologia.

— O que foi mais difícil, ser lésbica ou ser negra? — pergunta um aluno negro.

— Ser negra foi mais difícil. — A maioria dos alunos concorda. — As pessoas são contra os negros. Não é grande coisa ser lésbica — diz ela. — Somos apenas seres humanos. É assim que eu vejo as coisas.

— Qual é a coisa mais importante por que você passou? — perguntam. — O ponto alto dos seus 100 anos?

— Essas pessoas gays e lésbicas — diz. — Quando estou com gays, sou feliz. São a minha família.

Eu me pego torcendo para que um dia esses jovens entendam a raridade que é a mente aberta de Ruth.

Estamos em um restaurante em um centro comercial em Lasing chamado *Old Country Buffet*, onde é servido filé à Salisbury, frango frito, purê de batatas e gelatina. Tudo o que quiser por um preço único. Eu me senti em casa.

Juntamos várias mesas. Sarah e Carolyn, Dr. Nystrom e a parceira, mais Ruth e algumas amigas de Sarah. As mulheres serviam Ruth, levavam o prato dela até a mesa, pegavam bebidas, verificavam se ela estava com o talher correto e a colocaram no centro da mesa. São um grupo divertido, falam de antigas namoradas e de futuras, assim como de profissão, emprego e política. Incluem Ruth em todas as conversas e ela adora a atenção.

Este grupo de amigas de Ruth é de fácil convivência, todas acima dos 50 anos. Não importa para elas, nem para Ruth, que todas sejam brancas e ela seja negra; amam Ruth pelo que ela é — engraçada, crítica consigo mesma e generosa. Amam a sabedoria e a ingenuidade dela. Mas amam o que ela representa também. A presença de Ruth é positiva para elas.

No fim da refeição, Ruth não tinha comido muito. O prato dela está quase cheio. Sarah cuidou para que a comida de Ruth fosse macia e fácil de mastigar, mas Ruth colocou tudo de lado, dizendo que era difícil de engolir.

Lamento quando o jantar acaba. Ruth e eu voltamos para Detroit e estamos ambas cansadas.

Quando a porta do elevador se abre no 13º andar, passa das dez horas. Ao passar pela porta do apartamento ao lado do dela, ela bate à porta e grita: "Mary, voltei!" e continua andando. Ela sabe que a vizinha Mary Parker vai aparecer.

Mary aparece antes que Ruth tire o casaco. Ruth paga uma pequena quantia a Mary todos os meses em troca de ajuda com a casa. Mary é uma mulher doce, com idade em torno dos 70 anos. Tem cabelo grisalho, em um glamouroso corte curto, pernas longas, elegantes, unhas feitas e instinto fino. Também tem a tosse dos fumantes. Conhece Ruth desde que se mudou para o prédio, há 13 anos, mas apenas recentemente começou a cuidar dela. Antes disso, Ruth não precisava de ajuda. É evidente o respeito e a admiração de Mary por Ruth, e a trata por "Ruthie" ou "querida".

— Mary, por favor, me ajude. Estou cansada. Menina, estou tão cansada. — Ruth tira o casaco e Mary o pendura. — Estou muito cansada para fazer qualquer coisa. Por favor ajude Neenah a fazer aquela cama.

Ruth insistiu para que eu dormisse na sala da casa dela e eu estou cansada demais para recusar o convite.

Juntas, Mary e eu tiramos um colchonete de dentro do sofá.

— Está bem para você, querida? Tem certeza? Não quer mais lençóis?

Estou tão cansada que dormiria no chão.

Ruth sai do quarto e se dirige para o banheiro. Está com o suéter em volta do pescoço e as calças pelos joelhos.

— Ah, estou tão cansada. Tudo me machuca, Mary.

— Vamos colocar você na cama, Ruth. Tomou o seu remédio? — Mary vai ao banheiro ajudar Ruth, eu tiro minha roupa e me deito feliz da vida.

Acordo algumas horas depois. Deve fazer uns 30°C no apartamento. Há uma corrente de ar viciado entrando pela ventilação acima da minha cabeça. Eu me livro das cobertas e olho pela janela. As ruas estão iluminadas.

Escuto os gemidos de Ruth e fico pasma com a improbabilidade do momento. Estou dormindo na sala de estar de uma pessoa de 100 anos que conheci esta manhã. Ela parecia tão viva durante o dia, mas agora tenho medo de que ela possa morrer. Tenho um sono leve, ciente de que Ruth levanta seis ou sete vezes durante a noite. Posso escutá-la no banheiro.

Quando amanhece, estou acordada e ela, adormecida. Fico lendo na cama até ela levantar. Então ela insiste em fazer café-da-manhã para mim. Na verdade, eu cozinho e ela fica a meu lado, dizendo o que devo fazer. Coloco suco de laranja para nós duas, frito dois ovos em óleo Wesson, fatio e frito algumas salsichas. Ruth pega a garrafa de óleo e coloca na salsicha, pressionando-a com uma espátula. Ela prepara a mistura para panqueca *Aunt Jemima* e me mostra quanto usar e onde, exatamente, colocar na frigideira.

No balcão da cozinha, vejo os remédios de Ruth. Um para a artrite, um suplemento de potássio, um frasco grande de vitaminas e ferro e um outro para a pressão.

Ajeito algumas bandejas na sala de estar. Ruth senta na poltrona dela. Está usando uma blusa de linha em tom pastel e jeans branco. Ela está bonita.

— Não me sinto bonita — comenta, ao ligar a televisão com o controle remoto. Na tela, surge uma imagem em preto-e-branco da entrada do edifício. Ela vê quem entra e quem sai. — Só pelo passo posso dizer quem é.

O telefone toca.

— Ah, não estou nada bem — diz, ao telefone. — A velha égua cinzenta já não é mais o que era. É, dói tudo. Está doendo tudo. Meus pés, minhas pernas, meus braços, meus ombros. Dói. Sim, tenho um remédio mas não está fazendo efeito. Não estou nada bem. Depois que saio, sempre tenho que me recuperar.

Ruth não sorriu durante toda a manhã. Está com artrite em todos os membros e piorou ano passado, ela me conta, depois que completou 100 anos e passou a sair mais. Ela afasta o corpo com jeito, como se o contato com a roupa a machucasse. Ofereço-me para massagear-lhe as costas e ela aceita. Lentamente, eu pressiono os músculos dos ombros e das costas. Sinto as costelas.

— Melhora com a massagem, mas, quando pára, dói de novo.

Ruth sabe bem o que quer.

— Vamos fazer a entrevista — decide. — Se eu puder ficar deitada, tudo bem.

Prendo o microfone na blusa dela e ela se deita no sofá. Sento-me no chão.

Ruth nasceu em 23 de julho de 1899, em Springfield, Illinois, a única menina da família. Tinha três irmãos e a mãe morreu quando ela ainda era pequena. O pai, Charles Ellis, foi o primeiro carteiro negro de Springfield.

Diz que era tímida quando criança, e não queria falar na escola.

— Eu não tinha amigos. Ia para a escola sozinha.

— Por que, Ruth? — pergunto. Se eu tivesse parado para pensar por um ou dois segundos, eu teria imaginado, e Ruth sabe disso. Ela aperta os lábios e cantarola.

Eu espero.

— Acho que não havia muitos alunos negros naquela escola — responde, finalmente. — E alguns achavam que eram melhores do que eu. Havia muitas aulas em que eu era a única negra e eu era tímida. Se a professora me perguntasse alguma coisa, e dizia que não sabia. Mas sabia, mas não queria falar na frente da turma.

— As crianças faziam pouco de você?

— Não. Não prestavam atenção em mim. Eu era solitária. Na hora do almoço, eu ficava perto do pátio e via o resto das crianças brincando. Só consegui fazer amizade quase no fim de meus anos escolares e não tinha nenhuma amiga branca. A professora de educação física era a única que me dava atenção. Uma professora me bateu porque eu era burra demais. Contei ao meu pai que a professora havia me batido e ele deu uma bronca nela — o sorriso de Ruth é triste. A voz dela se aquieta.

— Não tive uma boa educação. Se eu tivesse que voltar para a escola, teria que começar tudo de novo. É por isso que gosto de ficar perto desses jovens. Talvez eu aprenda algumas coisas com eles.

Estou surpresa com essa nova visão de Ruth, tão vulnerável e fraca, uma criança infeliz. Ela conseguiu transformar a dor em generosidade.

A vida inteira, encontrou modos de dar. E agora tomou para si a causa dos idosos abandonados, apesar de não ser este o caso dela.

— Ruth, é incrível que uma garotinha tímida agora viaje para falar para grupos, tenha um filme sobre a vida dela e que as pessoas digam que é uma fonte de inspiração.

— É, é bem diferente. Acho que a vida funciona assim. Mas eu não quero mudar. Não quero ficar soberba. Quero tratar as pessoas como gosto de ser tratada. Eu não quero insultar nada ou ninguém. No centro de idosos que freqüento, as pessoas não prestam muita atenção umas às outras. Elas têm as panelinhas. Um estranho entra e elas ficam ali; ninguém as apresenta. Se vejo uma pessoa estranha, digo o meu nome. Acho que as pessoas são meio cruéis. Se não conhecem você, pronto. Se chega uma pessoa aqui no prédio que eu não conheça, eu tento me aproximar.

— Acha que isso acontece porque era uma criança solitária? Você se lembra disso?

— Eu não penso nisso. Não penso. O passado, eu não penso muito nele, mas gosto de estar perto de pessoas. Estar perto desses universitários, alguns podem concordar. Eu não sei do que falam, mas escuto assim mesmo. Ah, como o meu braço dói.

O telefone toca e o levo até ela.

— Ah, menina, a velha égua cinzenta já não é mais o que era.

O telefone de Ruth toca pelo menos duas vezes a cada hora. Mulheres telefonam para saber como ela está. Todas as vezes, ela diz: "A velha égua cinzenta já não é mais o que era."

Na hora do almoço, Ruth diz que não está com fome, que não está muito bem e que quer ir descansar no quarto. Pergunto se posso voltar amanhã. Talvez ela esteja melhor até lá.

— É uma boa idéia — ela concorda.

Ao sair do prédio, me viro para a câmera e aceno.

10

Louisiana Hines

"Sabe, as pessoas vendiam outras pessoas muito tempo atrás."

Fiquei em Detroit a semana inteira e estive com Ruth Ellis mais três vezes. Para preencher o tempo entre as visitas, fazia alguns passeios de carro, na chuva, pelo rio e escutava o programa de jazz de Ed Love na WDET-FM.

Uma noite, fui visitar outra pessoa de 100 anos, no oeste, seguindo pela Grand River Avenue, que corta bairros comerciais, um após o outro: lojas de bebida, restaurantes de Coney Island e terrenos baldios e sacos de plástico achatados contra cercas, levados pelo vento.

A mulher que eu queria conhecer tem o nome musical de Louisiana Hines, e sei muito pouco a respeito dela a não ser que era neta de escravos.

Ela vive em uma casa em estilo Tudor em uma rua transversal à Grand River Avenue. Há canteiros de cimento branco com rosas vermelhas de plástico em ambos os lados dos degraus frontais.

A neta dela, Darlene House, me recebe à porta. Pega o meu casaco, vejo uma mulher pelo canto do olho, na sala de estar, arrastando mobília e ajeitando almofadas. Presumo que seja alguma ajudante da Sra. Hines, mas Darlene chama a mulher e diz: "Esta é minha avó, Louisiana."

Ela aperta a minha mão com firmeza. As mãos dela são grandes e fortes, mas ela é tímida. Está usando um vestido florido (modelo desenhado por ela, me diz mais tarde) e tênis preto de basquete.

Ela aparenta e age como se fosse bem mais nova. Mais do que qualquer outro que eu tenha entrevistado, até Anna Wilmot.

Escolhe uma cadeira de veludo para se sentar e eu me encosto na beira do sofá, perto dela. Ela se sacode na cadeira feito criança, ajeitando a saia, indo para frente e para trás. Parece nervosa, o que é uma surpresa para mim. Reajo tentando ficar muito calma e relaxada, para deixá-la à vontade antes de começarmos. É uma das coisas que faço melhor. Na verdade, estou nervosa também. Ela sorri educadamente e mexe bastante a cabeça, mas assim que prendo o microfone, percebo que está cedo demais.

Ela nasceu em Luverne, Alabama — "perto de Greenville" —, em 1899, filha de Ben e Callie Summerlin.

A mãe dela teve 11 filhos, "mas só criou sete. Alguns deles nunca vi. As pessoas não diziam o que estavam esperando. Você não sabia o que acontecia. Não era problema seu. Elas não falavam sobre a vida pessoal".

O pai era fazendeiro.

— Ele plantava amendoins, cana e tinha um grande jardim. Tinham sorte de usar o *Ladies Birthday Almanac*. Havia um tempo para plantar a cana, e um tempo para o amendoim. Eles seguiam o almanaque.

Louisiana se lembra de que sempre tiveram muita comida. O pai criava porcos e galinhas e a mãe estava sempre ocupada na cozinha.

— Eles a chamavam de "Callie cozinheira" — revela, com orgulho.

Vou direto ao ponto que me deixa mais curiosa:

— Seus pais nasceram no tempo da escravidão?

— Não, meus avós nasceram. Mas o senhor deles era um bom homem, Jack Bimbo. Nada de chibata. Ninguém chicoteava os negros dele. Quem encostasse a mão nos negros dele, ele dizia, ficava na mira da arma. E ele deixava que dançassem a noite inteira.

— Você sabe de onde são os seus pais? — pergunto.

— Sabe, as pessoas vendiam outras pessoas muito tempo atrás. Você nunca sabia de onde eram sua mãe ou seu pai, essas coisas. Isso eles me disseram. Minha mãe me levava até a plantação onde o meu avô trabalhava. A casa não existia mais, mas a terra onde ele trabalhava estava lá.

— O que ela contou?

— Bom, ela disse que era o lugar onde o pai dela dizia que trabalhava. Ele trabalhava lá e Bimbo vivia lá.

Conforme me contava essas coisas, eu sentia que a Sra. Hines não estava muito à vontade e a minha reação nervosa era mudar de assunto, em vez de pressionar. Pergunto sobre a infância dela, mais sobre a mãe e os avós e, finalmente, como se casou com Arthur Hines. Ela o conheceu na igreja, diz ela. A família dela era "da igreja".

— As pessoas não namoravam como hoje. Não se penduravam no seu colo e no seu pescoço. Quando o rapaz chegava, não podia chegar muito cedo, nem sair muito tarde — ela dá uma gargalhada alta. — Ele vem entre duas e três horas. Podia ficar até o relógio marcar nove horas. Quando dava oito e meia, você tinha trinta minutos para se levantar, pegar o chapéu dele e ele ir embora. E não ficava no colo dele, não ficava no pescoço dele. Você pega o chapéu e entrega a ele e ele pega o chapéu e quando começa a descer os degraus, ele coloca o chapéu.

— As coisas eram muito formais — observo.

— Muito severas. Não só pra mim, mas para as outras meninas também. Os rapazes vinham visitar você, não para pegar em você. Achávamos muito divertido ficar lá sentadas com o vestido engomado — ela sorri.

— Quem conversou com a senhora sobre sexo antes do casamento?

— Ninguém. Ninguém me falou nada. Do jeito que era, engraçado, eu achava que se um rapaz visitasse você por muito tempo, era a hora de se casar. Ele veio por quatro anos. A cada dois domingos. É. Isso mesmo!

— Ele devia querer muito se casar com a senhora.

— Não. Ah, não sei. Sabe, os rapazes não tinham muito mais noção das coisas do que nós — ela ri de novo. — Deus, tenha piedade. Foi há muito tempo. É uma pena que naquele tempo eu não soubesse das coisas que sei hoje. As pessoas não conversavam nem falavam a respeito de nada.

Quero voltar à questão de ser negra no Sul na virada do século e ela mostra-se prestativa. Fala-me fala sobre seu médico, um homem branco que ela diz ser "um dos melhores médicos que já vestiram calças". Depois de um tempo, comecei a pensar se ela não ia mudar a forma de citar apenas as boas coisas que aconteciam entre as raças no Alabama.

— Ouviu falar de linchamentos enquanto crescia, ou das atividades da Ku Klux Klan? — pergunto.

— Ah, meu Deus, sim. Eles faziam isso. Há pessoas boas e más. Você não precisava fazer nada. Se tivessem chance de bater em você, bateriam.

— Conheceu alguém que foi linchado?

— O primo de minha mãe, George Teague, morava perto de nós. Ele era pastor. Pregava sobre a Bíblia, que todos os homens eram iguais, criados da mesma forma. Algumas pessoas não acreditavam. Os brancos, nos estados sulistas, eles não achavam que nós havíamos sido criados da mesma forma que eles. Não mesmo. "Não diga isso. *Igual* não."

"Alguns homens disseram aos brancos: 'Ele está nos dizendo que somos iguais a vocês, brancos', e os brancos disseram a ele: 'É melhor não pregar que todos os homens são iguais.' Disseram: 'Ele não pode igualar vocês negros conosco.' Ele disse: 'Estou pregando o que a Bíblia diz e não posso parar de pregar o que a Bíblia diz.' Bom, com certeza, eles o escutaram. E vieram e pegaram ele e mataram ele."

"Levaram ele e drogaram. Ele tinha dois ou três filhos, e disseram que se não os matassem, eles seriam como George Teague, e mataram os meninos também. Crianças. Crianças pequenas. Podem ter jogado os corpos no riacho. E ele também tinha uma filhinha chamada Rosie. Uma senhora branca disse: Não mate, é uma linda menina. Era a menina negra mais bonita que já tinham visto. Tinha belos olhos. E as senhoras brancas imploraram para que ela não fosse morta."

A menina foi poupada.

A história da Sra. Hines vira um sermão que diz que a igreja não tem porta da frente ou porta dos fundos e, logo a seguir, ela me conta como ela e o marido vieram para Detroit e como ela gostava do trabalho em uma indústria aeronáutica durante a Segunda Guerra Mundial. Ela era operária, uma operária-padrão.

Mas está tarde, estou cansada e não consigo coordenar bem as perguntas. Conversamos por duas horas e não posso continuar. Tive muitas informações, há imagens demais em minha cabeça. Peço para pararmos. Louisiana Hines é gentil e parece aliviada.

11

Ruth Ellis II

"Eles só querem me conhecer porque tenho 100 anos."

Na manhã seguinte, tenho um tempo livre. Ruth só me espera à tarde. Aproveite a chance de ler e escrever e pensar na Starbucks do centro. Do lado de fora das altas vitrines, um homem e uma mulher arrumaram fileiras de baldes brancos de plástico cheios de flores para vender. Os dois parecem um pouco de ressaca, de calça e jaqueta jeans. O homem, de cabelo louro e um cigarro pendurado na boca, levanta os buquês de cravos, sacode e os envolve em papel branco. Do meu lado da vitrine, mulheres e homens estão vestidos para o trabalho com ternos e roupas esportivas, sapatos de sola de couro e óculos de sol de grife. Eu me sinto à parte dos dois mundos, o da rua e o de dentro, mas feliz por estar aquecida e sozinha. Escrevi tudo o que podia me lembrar sobre meus últimos dias em Detroit, visitando Ruth.

Inúmeras vezes, Ruth disse:

— Eu não tinha consciência da minha vida até fazer 80 anos.

Acho que ela queria dizer que nunca havia pensado nela como alguém especial até que todas as mulheres mais jovens começaram a se mirar nela. Somos muito diferentes, Ruth e eu.

Quando criança, me diziam que eu era especial, inteligente e que poderia fazer o que quisesse. Eu era boa aluna, boa esportista, sempre escolhida para os times. Fazia aulas de dança e de piano e participava da banda da escola. Mas disseram à Ruth que ela era burra, e talvez ela nem tenha acreditado muito, mas isso, com certeza, a atrapalhou. Foi uma criança solitária. A mãe dela estava morta. Foi o irmão quem a ensinou a fazer roupinhas de boneca. E não freqüentou a universidade como os irmãos. E não foi por opção.

Quando se mudou para Detroit, teve companhia por muitos anos, uma mulher mais jovem chamada Babe, que era extrovertida, gostava de festas e traía Ruth. Mas abriram as portas de casa para negros gays, homens e mulheres, que não conseguiam se socializar em público. Davam festas com música e dança, jogo de cartas, bebida e às vezes brigas. Ruth e Babe davam abrigo a quem precisasse, pessoas que vinham do Sul para Detroit. Até ajudavam alguns a terminar a universidade. Ruth deu a outras pessoas o que ela nunca teve.

Passei muito tempo batalhando pela minha carreira, eu mesma, e seguindo algumas vagas noções sobre a verdade. Passei muito tempo tentando ser esperta em vez de fazer o bem, admirando gente "inteligente" em vez de pessoas boas.

Quando vejo como Ruth toca as pessoas — aqueles universitários em Lansing, por exemplo —, o que exige dela é um grande esforço físico, percebo que tenho um longo caminho a percorrer.

De volta ao apartamento dela e a anos-luz do Starbucks, pergunto a Ruth se ela quer dar uma volta. Está ventando e frio de novo, mas ela não sai desde quando fomos a Lansing, há três dias. Sugiro darmos uma volta no novo campo de beisebol e ela está disposta. Logo estamos atravessando o saguão em direção ao carro. Todos lá conhecem Ruth.

— Olá, Srta. Ellis — cumprimentam.

São as pessoas a quem Ruth se referiu em Lansing: idosos que não têm família, que poderiam se beneficiar da atenção de alguém mais jovem que pudesse levá-los a um show, como ela disse, ou para almoçar fora. As pessoas sentadas ali não tinham aonde ir. Esperam que alguma companhia amigável surja por acaso, e é Ruth. Ela pára e conversa. Mary Parker me disse que, até recentemente, Ruth fazia compras de mercearia para muitos dos moradores mais idosos que não saíam mais, todos mais jovens do que ela.

Passamos por alguns quarteirões até chegar ao Comerica Field, novo estádio do Detroit Tigers, que será aberto ao público no dia seguinte. Ignoro os obstáculos no estacionamento para levar Ruth o mais perto possível e ela possa ver a enorme escultura de um tigre, os tacos e as bolas incorporados ao projeto, as bilheterias. Andamos bem devagar pelos quatro lados. Ruth aprova e me conta que viu Satchel Paige, o primeiro negro a ser lançador na liga de beisebol, jogar uma vez no antigo estádio do Tigers.

Ao sul de Comerica Fiels há uma drogaria chamada Paul's. Ruth me dá um dinheiro e me pede para comprar algo para ela. Atravesso a rua e me vejo em um lugar que vende produtos com os quais não estou familiarizada. Uma parede inteira é ocupada por produtos para cabelo, a maioria para relaxamento e para amaciamento. O farmacêutico me indica onde está o que vim buscar, Sloan's Liniment, um relaxante. O rótulo manda aplicar com bolas de algodão.

Na fila do caixa, a mulher em minha frente está comprando rapé. Por trás do caixa, estão enfileirados dez diferentes tipos.

— Ruth, eu nunca vi rapé à venda — digo a ela ao entregar o embrulho no carro.

— Menina, eles lá têm tudo que você precisar.

Passamos a tarde passeando de carro por Detroit, Ruth me contando histórias sobre lugares de que se lembrava. Ela sabe exatamente onde estamos em todos os momentos. Vamos até Belle Isle, uma ilha no rio Detroit, ao norte do centro da cidade. É um lugar cheio de verde, de espaços abertos, marinas e enseadas onde cisnes se espalham. Há um pequeno farol no extremo norte. De novo, ignoro as placas e atravesso o campo até um ponto gramado, pensando que Ruth gostaria de ficar cercada pela natureza por um momento, sem ter de sair do carro. Ruth se lembra de ter vindo até aqui para concertos no verão, e de dormir sob as estrelas porque estava quente demais na cidade.

Vamos até o extremo sul da ilha porque começa a chover. Vemos o centro da cidade alguns quilômetros à frente, encolhida pelo céu e pela água, ambos cinzentos e irados. Não há sinais da primavera no vento.

— Vamos ao Big Boy — Ruth está animada.

Fico um pouco maravilhada por Ruth concordar em passear comigo daquela maneira. Sou praticamente uma estranha para ela. Dentro do claro restaurante, um jovem vem nos servir.

— Sabe quantos anos eu tenho? — Ruth sorri.

— Não, não sei — ele abre um sorriso.

— Eu tenho 100 anos!

— Não! Não pode ser! Bom, você está ótima!

— Obrigada. Vou querer sopa de legumes com carne.

— Sim, senhora — ele ri.

Ruth come vagarosamente, pegando os pedaços de legume e de carne um a um. Enquanto come, pessoas se aproximam.

— Eu só queria dizer oi e dar um abraço — diz uma jovem garçonete.

Ruth distribui abraços. Fico achando que ela vem sempre aqui.

— Ruth, você conhece todas essas pessoas? — pergunto.

— Não, querida — responde. — Só querem me conhecer porque tenho 100 anos.

Passo mais tempo com Ruth Ellis do que com qualquer outro entrevistado. Ela me levou para a vida, para a casa dela, para o círculo de amizades sem hesitar. Ela não tinha pretensões, nada a esconder. Eu a vi com vários humores: forte e engraçada na frente dos alunos, gemendo de dor às quatro horas da manhã, colocando óleo na salsicha do meu café da manhã e, agora, no fim da visita, parece que a conheço há bem mais do que cinco dias.

Enquanto estou na sala da casa dela, casaco fechado até o queixo, pronta para ir para o aeroporto, ela diz:

— Sabe, nunca entendi a diferença entre aviões a jato e propulsores.

Então, em vez de uma despedida elaborada, tento explicar a ela o que sei sobre propulsão. Parecia adequado no momento.

Enquanto meu avião tomava o rumo leste, eu pude ver o centro de Detroit. Procurei o prédio de Ruth na área onde ela morava, e Comerica Field, e acabei achando Belle Isle e o restaurante Big Boy, todos os lugares em que estivemos juntas — pela primeira e última vez.

12

Roy Larkin Stamper I

"Preciso de companhia, e muito."

Estou indo para o leste, saindo de Tulsa, Oklahoma, na auto-estrada Cherokee, ouvindo Reba McEntire no rádio. É fim de maio e os campos estão exuberantes. A grama alta chega à margem da Rodovia Federal 412 e, do topo de uma colina, o campo parece atemporal.

Entro em uma estrada em pista dupla, um percurso pitoresco para a cidade de Locust Grove, e passo por um hotel, uma loja de taxidermia e uma igreja chama "Casa da Luz — Onde Jesus é Real". Há uma curva para a esquerda e vejo um Sinclair parado em um posto de gasolina e um sinaleiro amarelo apagado.

Locust Grove tem apenas alguns quarteirões. Há uma loja de conveniência, um restaurante, uma lavanderia e, na outra ponta, mais uma loja de conveniência: Greg's Git'n Split. Vou em direção da estrada, uma nova Holiday Inn Express, e vejo outro concorrente de Greg, o Git'n Go.

Venho visitar R.L. Stamper, de 103 anos, no haras dos Stamper. Ligo para Claude Stamper, filho de R.L. Como das outras vezes que liguei, está no caminhão quando atende.

— Quer vir esta noite? — convida. Mas eu recuso, pensando em dormir cedo. Ele me ensina como chegar no rancho. Estou a mais ou menos 15 minutos de lá.

Estou sem sono, o colchão é duro e o quarto é tão novo que tudo cheira a produtos químicos, então decido ir até o rancho, para ver onde é. Paro na cidade para comprar um jornal local, depois sigo meu caminho. Passo por muito poucos carros nas ruas estreitas e as caixas de correio são bem distantes umas das outras. Vou para o norte, com o sol se pondo à minha esquerda, e cruzo um rio largo que corta o campo.

Dirijo até a noite cair e não encontro o rancho, então cruzo muitas vezes a linha férrea e vou em direção ao sul de novo, passando por uma grande área industrial saída de campos verdes, sem placa de identificação. O prédio tem muitos andares, com uma cerca de elos bem alta. É bem iluminada, mas não vejo ninguém. Não sei dizer o que é e penso em Karen Silkwood, líder sindical em Oklahoma. Só eu sei onde estou.

De volta ao hotel, deixo a CNN sintonizada e vou dormir. Acordo às 2:12 da manhã para desligar a televisão e durmo com um vago pavor.

A manhã seguinte é gloriosamente clara e fresca. Encontro o rancho de Stamper facilmente e estaciono no acostamento gramado para ver a extensão ao sul da estrada. Campos verdes estão salpicados de cavalos avermelhados e potros, e a terra se estende em direção às colinas. Há um celeiro, um grande trailer para cavalos e um agrupamento de prédios baixos sob as árvores. Saio da estrada dali a duas casas. Um quente vento oeste passa por cima das copas das árvores, revirando as folhas até que os pálidos versos se encrespem.

Eu e meu irmão crescemos ao ar livre. Morávamos no bosque perto do rio Little Calumet, poucos quilômetros a sul do Lago Michigan, norte de Indiana.

Nossos pais eram da região sul de Chicago, filhos de imigrantes croatas. Quando se casaram, em 1950, mal podiam esperar para sair da cidade. Compraram terra e construíram uma casa. Minha mãe estava sempre querendo que tomássemos "ar fresco".

Meu irmão, Leigh, era um exímio pescador antes dos 10 anos, e eu gostava de ir com ele para brincar com vários tipos de iscas. Ele tinha uma espingarda de chumbinho e eu tinha um canivete. Íamos de bicicleta em qualquer lugar — grama, pedra, lama. No inverno, patinávamos na fina camada de gelo no rio e andávamos de trenó. Tínhamos uma casa na árvore cercada de telas em toda parte e uma escotilha para o telhado.

Tínhamos cães, é claro, e levávamos para casa coelhinhos, tartarugas, cobras, girinos, borboletas e vaga-lumes que prendíamos em potes de vidro. Tivemos inúmeros pintinhos e patinhos que comprávamos mas que nunca chegaram à idade adulta. Ou fugiam ou eram mortos por doninhas. Eu tinha certeza de que um dia teria um guaxinim.

Nossa casa ficava num lugar alto, com uma vista aberta do bosque e do leito pantanoso do rio. Sempre imaginei que poderia ver os índios de lá, correndo em nossa terra, pulando troncos, plantas batendo nas pernas deles. Sabíamos que os Chippewa haviam vivido lá antes de nós — acho que apenas alguns anos — e eu meio que esperava me deparar com um acampamento Chippewa. Para mim, eram super-homens: fortes, corajosos e silenciosos. Eles sabiam como viver no mato, o que comer, como fazer tudo de que precisassem.

Como jovens Hoosiers — como se referem aos nativos de Indiana —, aprendemos na escola que nosso estado havia sido a fronteira poucas centenas de anos antes e que Abraham Lincoln fora criado em Indiana em uma cabana de madeira, e que aprendeu a ler à luz do fogo. Quando criança, eu podia respeitar isso. Acho que é em parte por isso que sei o valor dos 103 anos de Roy Larkin Stamper.

Uma alameda de árvores me dá as boas-vindas ao rancho de Stamper. Há uma picape na entrada da primeira casa a que chego e, bem perto, um cadillac dos anos 70 está parado na frente de outra casa. Imagino que o primeiro carro seja de Claude, e o segundo, do pai.

Claude Stamper tem a voz doce. Os olhos são negros, ele está bronzeado e parece forte, apesar de mancar. Traz um álbum de recortes para me contar sobre a família. O filho dele, DeWayne, cuida dos negócios com os cavalos, e os outros filhos moram ali perto. Claude agora está no ramo de mudanças; é o que o faz estar constantemente dirigindo 160 km até Tulsa, por isso sempre o encontro no celular do caminhão.

Ele me oferece café e desjejum, abre o congelador para me mostrar uma pilha de pães de salsicha congelados, embrulhados em papel celofane.

— É só colocar no microondas — explica. — Papai gosta. Faço o café-da-manhã dele às vezes.

Claude vive sozinho nesta casa. A esposa morreu ano passado.

Atravessamos a entrada de carros e uma rampa de madeira até a casa ao lado. Passamos por uma sala de estar espaçosa, com o tapete áspero e mobília em relevo. Há um piano em uma das paredes e um carrilhão maior do que eu em outra. Na cozinha, revestimento escuro, alguns pratos no escorredor, um frasco de loção pós-barba no balcão. Em um pequeno cômodo ao lado da cozinha, está um homem magro e pálido, usando um chapéu de caubói e sentado em um triciclo, olhando para nós.

— Pai, esta é a moça que eu disse que viria entrevistá-lo.

Roy Larkin Stamper abre um sorriso cheio de dentes dourados, brilhantes.

— Ah, não é gentil vir até aqui só para me ver?

O rosto está róseo e úmido pela barba recém-feita. Está usando uma camisa lisa, calças de poliéster, botas de caubói de couro de avestruz que parecem ter sido tiradas da caixa há pouco.

Ele tenta um elogio.

— Mas como você é bonita.

Sorrio.

Claude nos deixa e eu sugiro que façamos a entrevista na sala de estar.

Roy vem com seu triciclo até a sala e vira o assento para ficar de frente para mim. Prendo o microfone na camisa dele. O hálito é doce.

— Como está a sua audição, Sr. Stamper?

— Muito bem — responde.

— E a visão?

— Não muito boa — Ele se inclina em minha direção, os olhos azuis e concentrados.

— Preciso ajustar à sua voz — começo. — O que comeu no café-da-manhã?

— Pão de salsicha e um pouco de aveia.

— Como posso chamá-lo?

— Atendo por R.L. Meu nome é Roy Larkin, mas quase todo mundo me chama de R.L.

E logo, logo, estávamos distantes no tempo e no espaço.

— Fui criado na região leste de Kentucky. Condados de Lee, Wolfe e Powell. Era onde acontecia a disputa — diz, referindo-se à infame disputa entre as famílias Hatfield e McCoy no fim do século XIX.

A família do meu marido é de Kentucky, mas não dessa região. É a famosa região montanhosa em que o isolamento e as brigas entre clãs escoceses e irlandeses dos colonizadores criaram uma cultura que muitos forasteiros acreditam que ainda seja perigosa.

Na época de R.L. era violento. Ele nasceu em 1896.

— Os tempos eram muito duros — explica. — Vivíamos com o básico. E havia muitas mortes e assassinatos e disputas, o tempo todo. Mas, sabe, os ladrões eram homens bons, de moral. Não roubavam dos pobres, eu me lembro. E meu pai não sabia mentir. Ele era um homem bom e honesto. Mas acabou se metendo em encrencas.

"Encrenca" era o que R.L. chama de tiroteios. O pai dele emprestou uma arma para um homem que não queria devolver, conta, e fizeram um duelo em frente à casa dos Starkin, um dia. O pai foi mais rápido e deu dois tiros no coração do homem. O homem caiu no chão, mortalmente ferido.

Colocaram o pai de R.L. em prisão domiciliar, então ele fez um plano de fuga, para ir para o oeste. Veio até R.L. uma noite e perguntou se ele queria ir para território indígena.

Estamos conversando há menos de meia hora e já estou completamente absorta, minha mente girando. R.L. está apenas aquecendo, sorrindo e gargalhando. Tenho certeza de que arregalei os olhos, e sem dúvida isso o animou.

— Freqüentou a escola em Kentucky, R.L.?

— Ah, acho que por uma semana. Morávamos em um lugar chamado Hall Holler e eu tinha que andar cinco quilômetros. Meu almoço era um pedaço de broa de milho. Nós nos sentávamos em bancos de troncos. Construíram uma nova escola e chamaram de Omega. Eu cheguei a freqüentar um tempo e fui até a 4ª série. Mas fiquei com vergonha porque estava muito grande, então desisti. Eu não sabia direito nem ler nem escrever.

— Quando seu pai decidiu ir para o Oeste, por que ele levou você?

— Ele odiaria ter que me deixar, eu acho. Eu e ele éramos muito próximos. Eu me segurava nas pernas da calça dele. Eu era um garoto grande, tinha nove anos.

O pai de R.L. teve 21 filhos para cuidar. Havia sido casado duas vezes antes de se casar com a mãe de R.L. e ela levou dois filhos para o casamento. R.L. era um dos mais novos.

— Eu confiava nele. Era um deus para mim e ele era muito bom para mim. Eu não me dava muito bem com meus outros irmãos. Estavam mais para o lado criminoso do que eu. Brigaram e mataram até morrerem.

R.L. e o pai foram para Lexington, Kentucky, e pegaram um trem, indo para onde agora é Tulsa. Lá pegaram um trem de carga que ia para Dawson, onde o pai dele tinha um irmão.

— Ele disse que havia um aclive nas proximidades de Dawson e o trem deveria diminuir a velocidade por isso. Bom, nós fomos em direção à ladeira e o trem em movimento e ele ia me mostrar como pular do trem. Ele saltou do trem, e saiu rolando, com poeira voando!

R.L. abre um sorriso. Sabe que a história é ótima.

— E eu desci o degrau, a mais ou menos um metro do chão, e bati primeiro com o topo da cabeça! E eu rolei — era apenas uma criança, sabe? Não foi uma grande coisa?

Sim, admito que foi.

— Então ele me deixou lá, com o irmão, até se estabelecer. Depois me trouxe para Choteau e me deixou em um hotel por uma semana.

O pai deixou uma criança de nove anos sozinha por uma semana em um hotel, enquanto ia a cavalo de Choteau até Locust Grove, distante 15 quilômetros, comprar algumas terras.

O pai de R.L. comprou esta propriedade em que estamos, há quase 100 anos. Os muitos acres que vi esta manhã, ele deve ter visto do mesmo ponto alto em que parei meu carro. Ele deve ter vindo a cavalo com um corretor que deve ter apontado para o sul e dito: "Vai até aquelas colinas, e até o rio..." E devem ter conversado de água e madeira e mercados e como arar a terra íngreme e rochosa. O Sr. Stamper pagou US$10 por acre. Iria precisar de muita ajuda para ter o retorno.

Na primavera seguinte, em 1906, o resto da família veio de Kentucky.

— Quando vieram para cá, como era? Quem vivia aqui? — pergunto.

— Ninguém. Ninguém além dos índios. Não havia homens brancos no campo. Aprendi a falar a língua dos índios Cherokees antes de arranjar garotas.

Stamper fala algo em Cherokee e dá uma gargalhada.

Eu fico curiosa:

— O que quer dizer?

— Você é mesmo uma moça muito bonita.

Nós dois rimos.

— Como os índios viviam naquela época? — pergunto.

— Eles viviam da terra. E tinham um terreno perto daqui onde dançavam. Havia um depósito de cinzas em que eles mantinham um fogo que nunca se apagava. Ficou lá por anos. E dançavam em torno dele por volta da meia-noite. Tinham uma lança e dançavam.

Ele canta alguns versos em Cherokee.

— Deviam ter comemorado queimando algum homem branco, eu não sei!

— E o senhor ia ver?

— Ah, eu sempre ia até lá, sim, tipo uma vez por mês. Eu me dava bem com os índios. Eles me tratavam muito bem. E eu era bom para eles. Eu nunca tive nenhuma rixa com eles.

A família Stamper limpou o rancho e fez um pouco de tudo para sobreviver. Plantaram pêssegos, maçãs e morangos para vender. Tinham algumas vacas e a mãe de R.L. fazia manteiga. Colocavam o leite no poço ou na nascente para mantê-lo frio.

— Plantamos um pouco de algodão, não muito. Colhíamos o algodão e comprávamos mantimentos. No outono, matávamos porcos, pegávamos a carne e a banha durava todo o inverno. Era gordura com muito sal. Comíamos isso. Hoje, mataria alguém, acho. Trabalhávamos o tempo todo. O tempo todo. Eu trabalhava até morrer.

— Faziam tudo sozinhos.

— Eu não sei como. Eu não sei como papai conseguiu cuidar de nós. É um mistério para mim. Usávamos um trenó e dois bois chamados Buck e Darb. O trenó tinha patins. Quando os patins danificavam o trenó, tínhamos de pegar outro tronco, tirar a casca... Acho que era de salgueiro. Só vimos uma carroça muito depois.

Estamos conversando há algumas horas e R.L. Stamper ainda está de frente para mim, a borda do chapéu dele quase toca a minha testa. Sinto o cheiro da loção pós-barba. A sala está ficando quente e estou ligada nas histórias. Ele não diminui o ritmo, mas começa a fugir do assunto. Tenho que sempre trazê-lo de volta para a história da família, apesar de as divagações também serem fascinantes.

— Lembra-se das tempestades de poeira e da Depressão dos anos 30? — pergunto.

— A tempestade foi terrível. Amarrávamos lençóis nas janelas. No Kansas foi muito ruim, pior do que aqui. Mas muita gente simplesmente foi embora. Quem podia, foi para a Califórnia.

O governo levou farinha e frutas até o rancho dos Stamper. Tinham um depósito, diz R.L., onde a comida podia ser estocada para depois ser distribuída entre os vizinhos.

— Eles vinham para cá com maçãs, laranjas e todos os tipos de fruta, e meus filhos ficavam olhando, com a boca cheia de água, mas nós nunca nos apropriamos de nada. Não mesmo.

Foi durante esta época que muitos fora-da-lei ficaram famosos, incluindo Pretty Boy Floyd e Bonnie & Clyde. Stampers se lembra especialmente de Floyd.

— Vieram para cá, localizados bem aqui nesta comunidade. Vieram até aqui a cavalo — aponta para o sul, na direção dos rochedos na terra dele e diz que alguém escondeu os objetos roubados em uma caverna.

— Mas eram gente boa — insiste. — Apenas roubavam — ele entende a motivação. Diz que as pessoas estavam desesperadas. — Uma noite, eu olhei para a minha pequena esposa e minha filhinha de seis anos. Elas não tinham casaco, nem suéteres. Eu disse ao chefe que precisava trabalhar. Que tinha mulher e filha e estava quebrado. Que precisava trabalhar. E fui trabalhar em uma mina de carvão. Eu tinha um daqueles capacetes com luz e havia pequenas mulas lá embaixo. Fiquei lá naquele inverno. Bom, comprei um casaco vermelho para minha filhinha e, para minha esposa, um suéter quadriculado, e paguei a conta da mercearia. Volto para casa e estavam rezando. E fiquei pensando em Deus e no futuro. E decidi entrar na linha, parar de beber, parar de me embebedar, de falsificar uísque.

E R.L. Stamper começou a pregar.

— Eu acho que tinha uns 32 anos. Estava pregando aqui, embaixo de uma castanheira. Eu tinha muitas galinhas, meus cavalos, gado, uma casa e alguma coisa me disse: "Pode largar tudo isso e vir comigo?" E eu disse: "Sim." Deus me impressionou, não com uma voz audível. "Eu quero que você pregue." Eu não sabia ler e escrever. Era difícil dizer que eu iria, mas eu disse que sim, e me veio o pensamento: "Quando?" E eu respondi quarta à noite. Eu fui para a escola e preguei o Apocalipse. Eu não sabia quase nada a respeito, mas Deus fez tudo. Ele fez tudo. Eu apenas falei aos homens e Ele fez a graça.

Analisando aquelas primeiras horas de conversa sobre a vida dele, percebi que Stamper estava falando de Deus desde o início, mas eu não havia percebido. Estava mais interessada em saber sobre a vida dele em

Oklahoma. Conheci muitos pregadores, muitas pessoas convertidas, mas ninguém que pudesse descrever o que era a vida numa região pouco explorada. Fiquei espantada com o que ele e a família enfrentaram, e penso se suportaria uma vida como aquela. Conforme ele recontava as histórias, parecia incrédulo também, e dava a Deus o crédito por ter sobrevivido.

Em algum ponto, ele resolve me pôr em mira. Talvez ele ache que não estou suficientemente impressionada com a relação que tem com Deus. Faço uma pergunta vaga:

— Uma criança nascida hoje, ela vai ver as mudanças que o senhor viu?

— Não, e digo por quê. Estamos no *fim* dos tempos. Nossa terra está desgastada, a população cresce, a água está contaminada, toda a comida, tudo. E *neste momento*, em que falo com *você*, que está ouvindo algumas das últimas palavras desse tempo. *Não deve voltar para Tulsa.* O Senhor diz, sem dúvidas. Ele disse: "Eu volto"... mas estou fugindo do assunto.

Ele se encosta no triciclo e faz uma pausa, dramática, acho, esperando a minha resposta.

Bom. Sinto arrepios na parte de trás do pescoço e isso me surpreende. Ele se inclina para frente.

— Estamos no fim dos tempos e minha próxima pregação pode ser a última. Não estou dizendo que Ele vem hoje ou amanhã, mas digo que pode vir.

— Acha que o mundo não vai durar mais 100 anos? — pergunto.

— Ah, não. Acho que não dura nem mais um ano. Acho que não vejo meu próximo aniversário. Não, não. Não dá.

— Mas as pessoas dizem isso há muito tempo e não aconteceu.

Ele está acelerado, falando rápido.

— Jesus disse... Bem, talvez você queira ouvir outra coisa.

Mas prossegue falando alguma coisa sobre matrimônio e a época de Noé que não compreendo bem.

R.L. faz pregações já há 70 anos. Nos anos 30, ele viajava pela região, pregando onde podia, principalmente em comunidades rurais, como a dele. E ele sempre diz que acabava arranjando problemas, e apanhava, porque algumas pessoas não gostavam que ele pregasse o que é conhecido como santidade, com o significado de lições moralistas, conservadoras. Ele repete que não ficava com o dinheiro da pregação, sempre dava o que recolhia para um fiel que passasse por um momento difícil. Faz grandes rodeios no que chamo de histórias "O que a Bíblia diz a respeito" e que não prendia a minha atenção, mas me dava tempo para refletir sobre ele, ou observá-lo. Então o momento em que me arrepio me surpreende. Não acredito que o fim do mundo esteja perto, e posso sentir o fogo que o queima. Ele quer salvar almas. Ele quer me salvar. Mas, mais importante, ele quer sair pelo mundo e, como diz, ser um pescador de almas. Mas não pode. Está preso no rancho. Tem a família por perto — o filho e o neto, a filha e muitos netos vivem perto — mas trabalha sozinho. Ele não tem uma esposa para cuidar dele e ajudá-lo. A terceira esposa morreu ano passado.

— Minha esposa, ela era índia. Ela foi uma das melhores mulheres que já passaram por esse mundo. Uma mulher muito doce. Ela me mimava. Era de primeira linha. Ela me servia como se eu fosse um bebê. E, quando ela morreu, tiraram daqui 150 vestidos. Sou um marido assim.

E então vem a grande cantada.

— Preciso de companhia, e muito. Mas eu não tenho vida social e não vejo ninguém, e se eu gostasse de alguém, provavelmente a pessoa não ia gostar de mim. O que uma mulher pode querer com um homem velho?

Ele mesmo responde.

— Posso deixar renda para uma mulher. US$50 por dia. Tenho uma propriedade. Tenho um cadillac que vale US$15 mil ou US$20 mil. Tenho uma casa. Tenho muito a oferecer a uma mulher, mas fico aqui, e é muito chato. Quem não tem Deus desmorona.

Ele é sincero. Deve ter pensado muito nisso.

— Posso pregar em uma cadeira de rodas e não preciso ter uma Bíblia. Não posso ter uma mulher da minha idade, preciso de uma mais nova. Teria de ser um milagre de Deus. Alguém que tivesse um espírito missionário e amor a Deus para vir e me guiar. Porque se posso falar com você, posso pregar. A Bíblia diz: "Eles dão fruto mesmo na velhice, são cheios de seiva verdejantes."* Eu gosto disso. Sou eu.

Esta conversa sobre uma nova esposa me parece fora da realidade. Ele tem 103 anos. Mas não está brincando. Diz que tem uma responsabilidade com almas perdidas.

---

* Salmo 92. (N.T.)

Conversamos por quatro horas e eu estou exausta. Ele ainda está de cara para mim e diz que pode continuar, mas eu não agüento mais escutar. Tenho que ir embora e pensar em tudo.

Retorno ao hotel e me deito na cama, sobre a colcha, como se meu corpo soltasse vapor. Naquela noite, em meu diário, escrevo: "Roy Larkin Stamper é um homem selvagem, um pouco assustador."

Tive aquele sentimento de "queda" de novo e dessa vez é ainda mais forte.

Volto no dia seguinte e passo algumas horas nas cocheiras, com o neto de R.L., DeWayne, que cuida dos negócios com cavalos. Os Stamper são famosos pelo treinamento de cavalos, especialmente para cuidar de rebanhos. É um grande esporte nesta região do país. As pessoas vêm de longe para participar de competições que distribuem milhares de dólares em prêmios. Muita gente traz os cavalos para serem treinados por DeWayne Stamper e para comprar cavalos dele. Ele é alto, voz macia e educado. Está de botas de caubói e esporas, e um chapéu de caubói. Está com um celular pendurado na cintura.

De Wayne se propõe a me levar para ver as cocheiras e a arena coberta, mas antes ligamos para a casa para falar com R.L. Ele parece magoado por eu não ter ido procurá-lo primeiro, e quer ir conosco. Vou até a casa buscá-lo. Está em uma cadeira de rodas motorizada em vez do triciclo e vai em direção ao celeiro, seguido de perto por um *collie* que quer que ele pare e jogue uma bolinha de tênis. Ele joga.

No celeiro, ele se gaba de DeWayne, diz que ele é "à prova de balas em todos os sentidos" e "o melhor do ramo", e pede a ele para me mostrar Sweeping Cow, o atual cavalo campeão. Este tipo de treinamento é uma coisa nova para mim, mas posso dizer que Sweeping Cow é bem-cuidado, musculoso e esperto.

Bebemos Mountain Dews no escritório e depois eu e R.L. voltamos para casa, parando um pouco para aproveitar a brisa que vem do campo aberto a oeste. É uma manhã clara e quente e R.L. fica triste de repente, e comenta que já não se importa tanto com o negócio dos cavalos. Afirma que as crianças não reconhecem o que fez por elas, e diz que os cavalos não são mais durões como antigamente. Em uma noite de inverno, há cerca de 80 anos, conta, cavalgou a noite inteira até Pryor — a cerca de 50 km — apenas para "exercitar". Lembra como as orelhas congelaram, mas "o cavalo galopou o caminho inteiro". Um cavalo não faria isso hoje, explica, são muito frágeis e mimados por viverem em celeiros. Ele pára pouco antes de dizer a mesma coisa sobre as pessoas em volta dele. Tanto Claude quanto DeWayne parecem respeitosos e orgulhosos de R.L., pelo que R.L. fez por eles e por tudo que ele conquistou. Mas não tenho idéia de como seja a dinâmica do poder dessa família. Sei que negócio em família é uma coisa muito complicada.

Voltamos para casa e passamos mais algumas horas conversando, principalmente sobre o fim do mundo, mas não sente tanto medo quanto ontem. Agora percebo que é um tema recorrente na mente de R.L. E hoje ele não está cara a cara comigo, olhando em meus olhos. O feitiço foi quebrado.

Estamos no seu estúdio, um cômodo longo, masculino com uma lareira e uma parede totalmente coberta com troféus de cavalos, brilhando à luz do fim da tarde como chamas. É impressionante, e eu tiro fotos dele ali. R.L. olha solene para a câmera, mas não consegue ver exatamente onde está a lente, então o olhar fica um pouco fora. De repente, ele tira uma pequena estatueta de uma prateleira, um pônei de latão em um pedestal. A placa diz "Exposição de Cavalos de Topeka — 1959".

Ele coloca em minhas mãos.

— Tome, quero que fique com isso — diz.

Ele não está para brincadeiras hoje. Parece distraído, cansado e solitário. Aceito o presente como despedida e digo em seguida que estou indo embora. Ele não protesta, mas diz que quer rezar por mim.

As mãos de R.L. são grossas e trazem cicatrizes de 103 anos de trabalho com pás, martelos e arame farpado. Ele as une, fecha os olhos e reza em voz alta: "Senhor, proteja-a no caminho de volta para Tulsa."

Como ontem, sinto um arrepio atrás do pescoço e, mais uma vez, conheço a profundidade da crença dele.

Conforme me afasto da casa e me dirijo para a estrada asfaltada, me lembro de R.L. dizendo que se recorda de quando havia apenas uma cerca entre aqui e Tulsa. Agora vejo a terra através dos olhos deles — como era há 100 anos, ainda intocada — e fico triste, como ele, com as mudanças.

Houve uma época em minha vida em que eu poderia ter concordado em andar com R.L. pelo campo no velho cadillac para que ele salvasse almas em orações. Há 25 anos eu havia acabado de me formar na universidade e passei o verão na Minnesota Outward Bound School, na área para canoagem. Por um mês, vivemos ao ar livre, cozinhando em fogueiras, dormindo sob tempestades, carregando lonas e canoas de alumínio com água pelas coxas, descendo rochedos, Quando aquele mês acabou, eu estava forte e destemida. Cortei meu cabelo com uma tesoura emprestada e fui com o meu Toyota para o Oeste, passando pelos dois estados de Dakota, Wyoming, Montana, Oregon e Washington, seguindo a trilha de Lewis e Clark até o Pacífico. Fui até a Ilha de Vancouver, depois a San Francisco, Yosemite, Vale da Morte e o Grande Canyon, passei pelas Montanhas Rochosas, por Kansas e voltei para casa em Indiana. Se, nesta viagem, eu tivesse ido parar em Locust Grove, no rancho dos Stamper, e R.L. estivesse procurando alguém para dirigir por aí para ele, eu até iria. Eu não tinha nada a perder aos 22 anos e, mesmo na época, acho que saberia que homens como R.L. Stamper logo partiriam desse mundo.

13

Helen Boardman

"Acho que sou otimista."

Minha editora na NPR, Neva Grant, achou que eu tinha me apaixonado por R.L. Stamper.

— Se eu não soubesse que você é feliz no casamento, diria que foi seduzida — disse ela.

— Não foi amor, Neva — retruquei, apesar de eu ter "caído". Foi o mesmo sentimento que tive no inverno anterior quando falei com Margaret Rawson, uma perda completa do meu ser e uma comunicação de almas. Fui ao dicionário e tentei definições para isso. Mas *mesmerizar*, *hipnotizar* e *transe* não se encaixavam bem.

Em todos os meus 20 anos de profissão, raras vezes senti emoções tão intensas e falta de controle jornalístico durante uma entrevista. A única experiência comparável havia sido com sobreviventes do Holocausto.

Fiz algumas entrevistas para o Museu do Holocausto dos Estados Unidos e com freqüência ainda me senti abalada dias depois. Mas não era minha função dar sentido a essas histórias, mas apenas direcionar o modo como eram contadas. Mas, com esses centenários, eu achava que tinha de manter o controle, porque eu precisava escrever sobre a vida deles para a série no rádio. Era confuso. Deixar fluir parecia certo, perder o controle parecia errado. Então chegou às minhas mãos um livro que me ajudou a entender o que estava acontecendo.

Um amigo me recomendou *A General Theory of Love*, escrito por três psiquiatras, Thomas Lewis, Fari Amini e Richard Lannon. É uma tentativa de explicar a base biológica das emoções humanas, especialmente o amor.

Os médicos descrevem um fenômeno que chamam de "ressonância límbica", que definem como uma "sinfonia de troca mútua... com a qual dois mamíferos entram em sintonia com o interior um do outro. Quando encontramos o olhar do outro, dois sistemas nervosos alcançam uma identificação palpável e íntima". Em outras palavras, temos a capacidade de sentir a emoção de uma outra pessoa.

Os médicos explicam que a região límbica do cérebro é exclusiva dos mamíferos, que são bastante diferentes, digamos, dos répteis, no trato com os mais jovens. Uma cobra pode ver um filhote ser devorado por uma águia e não reagir; uma mamãe ursa, no entanto, tem um forte instinto protetor.

Essa "orientação em relação à cria" é onde começa a ressonância límbica, dizem. Como nossos bebês nascem indefesos, uma mãe precisa saber o estado interno do filhote e, de fato, tem a capacidade de fazer isso. Há uma conexão no cérebro. Todos temos isso. Homens também. Mas conforme crescemos, nos afastamos de nossas mães e caímos no mundo, que é cheio de distrações, esquecemos que temos essa capacidade e, ainda mais importante, esquecemos quanto prazer isso nos dá. Não há nada que nos deixe mais felizes do que sentir essa conexão com outro ser humano. É a base biológica do que chamamos de amor, uma habilidade sensorial assim como a visão, a audição ou o tato. Por isso estabelecemos ligações com nossos cães, gatos e cavalos. São límbicos também. Mulheres, afirmam os médicos, têm maior percepção disso do que os homens.

Isso faz sentido para mim, no sentido de que o sentimento que eu estava descrevendo como "queda" era ressonância límbica. Eu estava sentindo o estado emocional dos centenários, perdendo meu próprio estado emocional e assumindo o deles. Estou começando a achar que os centenários sabem disso intuitivamente. Eles sabem como é importante essa conexão com os outros, porque para eles é mais difícil consegui-la. Estão quase sempre sozinhos, e entendem que ser cortados da presença de outros é uma sentença de morte. Acho que isso explica por que são tão rápidos em fazer essa conexão quando aparece alguém com tal predisposição.

E talvez sejam melhores nisso, também, porque cresceram em um mundo sem muitas distrações, quando as pessoas conversavam mais — na mesa do jantar, em volta do fogo à noite, juntos em um trenó ou indo a pé para a escola. Os centenários cresceram em um mundo sem energia elétrica: sem rádio para ligar quando a conversa ficava chata ou tensa, sem televisão para substituir alguém que conta histórias, sem computador para verificar o correio eletrônico cinco vezes por dia. O mundo deles era bem mais cheio de sons da natureza, um lugar no qual era possível pensar com mais clareza e talvez fazer conexões mais imediatas com as pessoas.

Resolvi que os médicos que escreveram este livro sabiam exatamente o que havia acontecido comigo porque acontecera com eles também. Há uma passagem no livro que cheguei a sublinhar:

> A vocação da psicoterapia confere alguns benefícios inesperados em quem a pratica, e o que vem a seguir é um deles. Impele a participação em um processo que nosso mundo moderno esqueceu: sentar-se em uma sala com outra pessoa por horas a fio, com nenhum outro propósito em mente senão prestar atenção. E quando se faz isso, um outro mundo se expande e torna-se vivo a seus sentidos: um mundo governado por forças que já eram antigas mesmo antes do surgimento da humanidade.

Liguei para um dos autores, Thomas Lewis, e disse que gostaria de visitá-lo em setembro, quando eu estaria em San Francisco para entrevistar outro centenário. Ele concordou.

É alto verão agora, e minha série no rádio está pela metade. De volta à Indiana, eu, meu irmão e minha irmã demos uma grande festa para comemorar as bodas de ouro de meus pais. Parentes vieram da região de Chicago e de cinco outros estados. É uma reunião cheia de emoções. Vimos antigos filmes de família do casamento, mas tantos rostos presentes na época já não estão mais aqui. Meu pai chora quando tenta falar perante o grupo calado — que inclui a mãe dele, de 98 anos — e tenta dizer o quanto ele ama a minha mãe. Nós os vemos dançar, pendurados um no outro, no escuro, enquanto a música favorita deles enche o salão de festas e pequenos pontos de luz saem de um globo de espelhos, que gira como a Terra no espaço.

Algumas semanas depois, estou embaixo de outro globo de espelhos, em plena luz do dia, em Friendship Village, uma comunidade de idosos em Schaumburg, Illinois, a oeste de Chicago. Vim para entrevistar Helen Boardman, de 104 anos.

"Adorei receber sua carta a respeito de uma entrevista", diz ela em um e-mail. "É um assunto de que gosto muito."

Ninguém repara no globo de espelhos hoje, acima do movimentado saguão no coração do Village. Todos os olhos estão concentrados nos cachorrinhos que pulam no tapete. É o Dia da Companhia Canina. Voluntários da comunidade trouxeram seus cachorros para que os idosos pudessem ver e brincar. Há muitas pessoas sorrindo e muitos cachorros também.

Friendship Village é um lugar para idosos ativos e independentes, e todos lá conhecem Helen Boardman, uma das pessoas mais independentes ali. Meu interesse nela cresceu quando descobri que ela havia se casado de novo aos 97 anos, com um homem 20 anos mais jovem.

Bill Boardman vem a meu encontro no saguão. Está usando calças verdes, camisa xadrez e tênis. É divertido e alegre, insiste em carregar minha pesada bolsa enquanto atravessamos o corredor que leva até o apartamento deles. Exceto pelo corrimão, parece um dormitório de universidade.

Helen está à nossa espera, animada e sorridente, também. Você daria uns 85 anos para ela. O cabelo é curto, encaracolado e ainda naturalmente castanho. Tenho mais fios brancos do que ela.

Ela e Bill começam e terminam as frases um do outro e fazem muitas perguntas. São efervescentes e divertidos. Mal podem esperar para me mostrar todo o apartamento, as fotos das famílias, a de Helen, ampliada, a mobília feita por Bill, as fitas-cassete de livros de Hellen e o álbum sobre a vida dela.

Finalmente todos nos acalmamos e Helen senta-se em uma cadeira reclinável, inclinando-se para frente para me ver e me ouvir melhor. Encontro um banquinho para me sentar mais perto.

Ela nasceu e foi criada em uma comunidade agrícola de Illinois chamada Hoopeston, cerca de 160 km ao sul de Chicago. Os pais dela tinham pretensões e necessidades que excediam o que a vida numa cidade pequena podia oferecer. Quando Helen tinha quatro anos, por volta de 1900, começaram a viajar para passar o inverno no sul da Califórnia.

Ela se lembra de que o trem parava para reabastecer de água e combustível.

— Deixavam que todos saíssem e o trem esperaria enquanto comêssemos.

E ela se lembra de chegar à Califórnia em uma manhã bem cedo.

— Havia flores de laranjeira por todo o canto! Não acreditávamos que era verão na Califórnia quando estava frio e nevando em Illinois.

O pai de Helen conseguiu um emprego como condutor dos trens elétricos interurbanos entre a praia e o centro de Los Angeles. Na primavera, voltariam para Illinois. A cada inverno voltariam e morariam em um lugar diferente. Um ano, perto de Hollywood e Vine.

— Havia lotes vagos com grandes mamonas. Ah, como eu queria que meu pai tivesse comprado alguns acres — comenta.

No inverno de 1906, viveram em Venice, perto da praia, e ela se lembra de ter sentido o terremoto que destruiu San Francisco.

— Ah, mas não foi divertido! Tomara que aconteça de novo — ela se lembra de ter dito e por isso levou uma bronca da avó, que alertou:

— Pode ter causado problemas a outras pessoas.

Helen realmente diz "ah" durante as conversas. Tem um talento dramático e dicção perfeita. A mãe dela se preocupava em dar uma boa criação aos filhos, e providenciou para que a jovem Helen tivesse treinamento de elocução. Ela também se lembra de ter sido levada para ouvir a famosa cantora lírica Nellie Melba, em Los Angeles.

— Deve se lembrar dela — diz Helen.

Em todas os eventos que tinha em Hoopeston quando criança, Helen se apresentava. Quando Teddy Roosevelt foi até lá como candidato à presidência pelo Bull Moose Party — um dos três partidos da época —, em 1912, ela foi chamada para recitar "When You Hear the Bull Moose Roar". E quando estava mais velha, a mãe a mandou para a Leland Powers School of the Spoken Word, em Boston, para prepará-la para a vida no palco, onde ela aprendeu a apresentar monólogos, o que, na época, era considerado uma forma de arte. Concluído o curso, ela decidiu que precisava de mais do que treinamento acadêmico, e então se transferiu para a Universidade DePauw e depois para a Universidade de Illinois. Quando se formou, a realidade falou mais alto, e Helen deu aulas por um ano antes de se casar com Curtis Boardman, que havia sido namorado dela de escola. Eram muito amigos, ela conta. Tiveram três filhos, freqüentavam a igreja, foram escoteiros, receberam um estudante de intercâmbio, jogavam bridge duas vezes por mês, passavam muito tempo com as famílias e colocaram todos os filhos na universidade. Quando Curtis Boardman se aposentou após 43 anos de trabalho na American Can Company, fizeram uma viagem pela primeira vez desde que se casaram.

Curtis morreu em 1966, após sofrer por um ano as conseqüências de um derrame. Helen tinha então 70 anos, mas se adaptou rapidamente, e se mudou de Hoopeston para Fort Lauderdale, Flórida, e voltou a estudar.

— Era hora de passar para a fase seguinte — comenta. — Acho que sou otimista. Eu achava que o melhor estava por vir. Eu pensava nos versos: "Envelheça comigo. / O melhor ainda está por vir. / O fim da vida para que o início foi feito." Eu havia me preparado mentalmente para a morte de Curtis. Eu já esperava. Eu sabia que tomaria as decisões corretas. Eu não hesitaria em me mudar, ainda que eu morasse na casa em que nasci. Eu tive então a oportunidade de fazer algumas das coisas que eu não pude fazer antes por causa da família e de outras obrigações.

Helen se mudou para Friendship Village aos 88 anos e não queria que os filhos tivessem que se preocupar com ela. Logo se encarregou de organizar produções teatrais, como fez a vida inteira. Pouco depois conheceu Bill e Ellen Boardman, mesmo sobrenome. Um acabava pegando a correspondência do outro, e Bill era bem habilidoso e construía o que fosse preciso para as produções.

Ellen Boardman, esposa de Bill, morreu de repente, e em um ano Helen e Bill estavam sempre juntos em uma coisa ou outra. Em alguns anos, decidiram se casar.

Bill interrompe a conversa para anunciar que é hora do almoço. Estão loucos para me levar à sala de jantar do Friendship Village. Primeiro, Bill lê em voz alta o cardápio do dia, que está afixado na geladeira. Helen escuta atentamente.

A sala de jantar me lembra um restaurante Holiday Inn no Meio-Oeste, quando eu era criança: amplo. Este é todo acarpetado, tem toalhas de mesa e guardanapos, cadeiras estofadas. Homens e mulheres estavam muito bem vestidos, alguns dos homens em casacos esportivos. Há muitas bengalas "estacionadas" por todo lado. É um mar de cabelos brancos e ombros curvados, mas muitas risadas e acenos gentis.

Passamos pelo bufê, examinando ravioli, estrogonofe de carne, bacalhau, ensopadinho, purê de batatas, legumes ao vapor, mesa de saladas, de frutas e de sobremesas. Hoje o destaque é para a torta de morango. Tem gelatina, claro, verde e vermelha.

Há garçons uniformizados e eles oferecem café com a refeição. Almoçamos despreocupadamente.

Helen e Bill são bons contadores de histórias e bons ouvintes. Bill conta muitas piadas e parece se sentir responsável por manter as nossas gargalhadas. Durante todo o almoço, as pessoas paravam para dizer oi; freqüentemente as mulheres abraçavam Helen. Bill lembra do nome de todos e diz uma coisa diferente para cada um. Um é editor de uma revista literária, outro trabalha para Bill. Bill trouxe um saco de tomates e um buquê de zínias do jardim dele para uma mulher que fica maravilhada com tudo.

Na volta para o apartamento, passamos por uma loja de presente, por uma biblioteca, um posto de correio. Bill e Helen são sociáveis, como celebridades, enquanto voltamos para o apartamento deles.

Depois do almoço, me preparei para entrevistar os dois juntos.

Bill veio para o Friendship Village com a primeira esposa, Ellen, quando tinha exatamente 73 anos. Ele e Ellen haviam passado a vida juntos; haviam crescido na mesma rua, assim como Helen e o primeiro marido, Curtis. Bill e Ellen vieram para Friendship pelo mesmo motivo de Helen, para não serem um fardo para os filhos. Quando Ellen morreu, Bill teve a mesma atitude de recomeço que Helen quando perdeu Curtis.

— É preciso aceitar e seguir em frente — diz ele.

— Vemos pessoas aqui no Village, é difícil para elas, não conseguem aceitar a morte de um parceiro. Não sei por que somos como somos, nossas personalidades são assim.

Os dois ficarem juntos não foi um problema, dizem os dois. Foi mais difícil que as outras pessoas aceitassem.

Quando começaram a ficar muito tempo juntos em um apartamento, a administração do Friendship Village, segundo Bill, teve uma visão distorcida das coisas.

— Chamaram a atenção de vocês?

— Acharam que era imoral, ou algo desse tipo. O diretor-executivo disse que era impróprio. Respondi que ele estava louco.

Bill estava mais preocupado com o que o governo federal iria dizer.

— Tínhamos medo de que a internação de Helen pudesse ser anulada, então ligamos para a previdência social e disseram que não faria diferença, então resolvemos nos casar.

— Meus filhos ficaram preocupados quando souberam que eu ia me casar com uma pessoa mais velha, mas ao conhecerem Helen viram logo que seria uma coisa boa — conta Bill. Ele tinha 78 anos quando se casou com Helen.

— Primeiro avisamos aos nossos filhos que íamos viajar e voltar casados, mas eles disseram: "Ah, não, nós queremos ir ao casamento."

— Eu sempre pensei — digo — se o amor seria um sentimento diferente na idade de vocês ou é a mesma coisa do que quando se casaram, digamos, aos 21 anos?

Helen está séria.

— Bem, você está mais madura em todos os aspectos. Não esperamos romance aos 20 anos. A paixão se acalma consideravelmente. É só o amor verdadeiro, e não há nada que possa complicar quando se tem a nossa idade. Você ama a companhia de outra pessoa que ama você. E é muito satisfatório na idade mais avançada.

— É uma situação bem mais calma — completa Bill.

— Bill — questionei —, parte de você não se perguntou: "Em que estou me metendo?" Me parece um ato extremo de otimismo se casar com uma pessoa de 98 anos.

— Tem razão. Claro, pensei nisso, mas sou propenso ao otimismo. Ela estava com boa saúde e eu também. Se um vai antes do outro, não pode se preocupar com isso. Não pensamos nisso como um obstáculo. Eu diria que não. Tivemos uma vida maravilhosa juntos. Significou muito para nós dois.

— Eu não sei o que eu faria sem ele — diz Helen. — Toda a ajuda que ele me dá. As pequenas coisas que você faz automaticamente e não pensa em como são difíceis para mim agora, como abotoar. Até mesmo cortar unhas do pé e da mão.

— Ela fica com uns pêlos no rosto que precisam ser arrancados — Bill ri. — Mas isso é amor. Você faz coisas assim para quem você ama. É o que torna a vida interessante. Nós nos divertimos apesar de algumas dificuldades.

É a minha chance de perguntar sobre sexo, mas não consigo falar. Eu faço uns rodeios, perguntando sobre "intimidade" e "as alegrias da relação".

— Está perguntando se fazemos sexo? – Bill foi bastante direto.

— Bom, sim.

— Gostamos de sexo. Não é a mesma coisa quando se tem 18 anos. É consideravelmente limitado.

Helen conclui o pensamento:

— Eu gosto de ficar nos braços dele do mesmo jeito que gostava de ficar com meu primeiro marido. A gente nunca se cansa disso, e sente falta quando não se tem.

Talvez eu pudesse ter adivinhado essas respostas. Não vamos sentir falta. Não é necessário. Carinho, no entanto, nunca cansa ninguém.

Tenho certeza de que Helen e Bill devem ter lá suas discussões, ou complicadas diferenças com os filhos, como a maioria das pessoas, mas, nos dois dias que passei com eles, não senti nenhuma questão mais séria na vida deles. No fim da visita, me senti animada. Helen me deu uma cópia das memórias escritas por ela antes do 100º aniversário, chamado *99 and Counting: Helen's Journey*, e Bill me ajudou a carregar, junto com minha bolsa, até o estacionamento.

Eu estava encantada com o bom humor dele, o otimismo, o entusiasmo, e a óbvia dedicação a Helen. Como Bill tem só 84 anos, e uma companheira ativa, tive certeza de que nos encontraríamos de novo.

Naquela noite comecei a ler o livro de Helen. Na primeira página, ela diz que não sabe o motivo de viver tanto, mas na última página, acho, está a resposta: "A grande alegria do futuro" — escreve da vida com Bill — "é que ele se distende preenchido com as coisas que temos a fazer juntos."

É uma noite do fim de agosto em Portland, Maine. Noah e eu caminhamos — hábito pouco comum na nossa vida — pelas ruas de paralelepípedos. Nós nos demoramos na cidade, saboreando as últimas horas de nossas férias anuais no Maine. Estamos navegando com alguns queridos amigos, dormindo em um barco chamado *Espírito Livre*, nadando no oceano e relaxando tempo o bastante para nos lembrarmos de que temos planos para o futuro. Ainda não estamos prontos para voltar para a vida na cidade.

Estamos na zona portuária, no cais, enquanto a balsa de Peaks Island se aproxima. Uma brisa refresca os nossos rostos bronzeados. Nós nos encostamos nas grades e observamos os turistas a bordo, de short e sandália, cabelos ao vento. Levam geladeirinhas, mochilas e crianças. É uma cena feliz e atemporal: um barco chega em um fim de tarde de verão, o céu está claro e a luz prateada — primorosa — cai para o dourado. As pessoas desembarcam e vão para casa. Seguimos com eles de volta para a cidade.

Saímos da rua e subimos degraus de granito em um prédio antigo, bem familiar, talvez uma velaria de um velho navio, que agora vende "artefatos marítimos, curiosidades e artigos de naufrágios". Parece que em todos os anos viemos parar aqui. Noah experimenta os mesmos casacos que não couberam no ano passado. Admiro os sextantes, binóculos e bússolas. Tiro meus óculos do bolso para ler as inscrições nas antigas fotos navais.

Há uma caixa de vidro na parede. Fileiras de chaves penduradas. Meu olho pousa em uma de bronze, com uns 10 centímetros — uma chave esqueleto com um oval elegante na ponta. Estico a mão para abrir a porta da caixa e tirar a chave do gancho. Está na palma da minha mão, cruzando a minha linha da vida. Tem peso e graça.

Noah vem por trás de mim e vê as chaves, pega uma e acha outra de prata, igualmente longa e pesada. O número 53 está estampado na haste e uma etiqueta branca plástica, que traz palavras quase indecifráveis: ENG.RM. ENT.(UPP.P & S). Ele sabe que precisa tê-la. Ele se vira e compra sem hesitar.

— Espera, também quero essa — digo.

Saímos da loja e vamos para casa com as nossas chaves. São chaves bonitas e cheias de memórias. Cruzaram oceanos, supomos, de um mundo a outro, abrindo portas, armários, baús ou cadeados. Agora são nossas. Hoje não sabemos o que abrem, mas um dia saberemos.

14

Thomas Lewis

"Aquilo que vai fazer você feliz, ninguém vai dizer."

Em setembro, fui para San Francisco com meu exemplar de *A General Theory of Love* todo sublinhado. O Dr. Thomas Lewis, um dos autores, concordou em me receber e eu estava relendo algumas partes a 30 mil pés do chão, revisando minhas perguntas. Planejei perguntar a ele a respeito da perda de controle que senti em algumas entrevistas, sobre da minha sensação de "queda" e também quanto aos profundos sentimentos que tomam conta de mim depois. E, durante o vôo, tentei atualizar o meu diário, escrevendo sobre o verão, a correspondência que recebi de ouvintes, as notícias sobre os meus entrevistados, família e amigos.

Pouco antes de partir para San Francisco, recebi um e-mail de Sarah Uhle, amiga de Ruth Ellis:

Querida Neenah, eu sei que gostaria de saber. Ruth está no hospital. Pode ser que não seja nada sério. Ainda não sabemos. Pode ser que seja o princípio do fim.

Descobriram que Ruth tem uma doença aguda no coração, somada a várias doenças crônicas. Sarah contou que as "meninas" de Ruth estavam cuidando dela e fazendo planos para quando ela saísse do hospital, que seria breve. Alguém havia levado churrasco de costela para Ruth na noite do sábado anterior, e ela comeu satisfeita. Sarah assinou da seguinte maneira: "Todas que amamos Ruth e que a mantemos na luz."

Visito o Dr. Lewis na manhã seguinte, no consultório dele, perto do campus de Parnassus da Universidade da Califórnia. Tem uma vista panorâmica de norte a leste. É mais jovem do que eu imaginava, cheio de energia e de fala macia. Explico a ele de novo por que estou aqui e descubro que ele é um excelente ouvinte. Consigo sentir o foco da atenção dele e é esquisito. Normalmente eu sou a ouvinte. A atenção que recebo me faz ouvir melhor o que estou dizendo.

Peço a ele para falar sobre a ressonância límbica. A parte límbica eu entendi; vem da região límbica do cérebro, nos mamíferos. É a parte da ressonância que me intriga. O Dr. Lewis diz que não sabe se consegue definir, mas sabe descrever.

— Estamos familiarizados com os sentidos tradicionais — ele começa. — Por exemplo, seus olhos dão a você informações sobre radiação eletromagnética, seus ouvidos dão a você informações sobre mudanças nas ondas sonoras. Bom, há outro sistema sensorial no cérebro, que é destinado para dar a você informações sobre o estado emocional dentro do cérebro de outra pessoa, e esta experiência sensorial é a ressonância límbica.

"A ressonância límbica é uma via de mão dupla; você pode sentir o interior do cérebro de outra pessoa, essa pessoa pode sentir o interior do seu, e uma pessoa influencia a outra. É uma experiência sensorial da emoção, em mão dupla."

— Há outras definições para isso? — pergunto. — Se é uma função humana tão básica, eu pensaria que sim.

— Sim — esclarece. — A palavra mais comum que conheço é "vibração". Você escuta pessoas dizendo que "está sentindo as vibrações" de outra pessoa. Acham que isso é uma metáfora fantástica, fora do comum, mas é — creio — a verdade literal. Podemos realmente sentir as vibrações de outra pessoa, e é uma experiência sensorial legítima. "Vibração" é uma boa palavra porque traz a implicação de que você pode ter se modificado com a experiência. É algo que você sente e que, talvez, esteja entrando em sintonia.

Se isso é verdade, e eu realmente senti o estado emocional dos idosos, muito é explicado. Por que, por exemplo, fiquei nervosa na presença de Abe Goldstein, o professor de direito, no minuto em que ele entrou na sala? Porque ele estava desconfiado. E por que, com R.L. Stamper, senti arrepios no pescoço quando ele falou em fim do mundo, mesmo que eu não acreditasse? Ele acreditava no que dizia. A teoria de Lewis podia explicar por que era tão bom ficar perto de Anna, que era sorridente e feliz e mal podia esperar para me mostrar o lago.

Mas andei perdendo o controle dessas entrevistas — digo ao Dr. Lewis — de um modo que nunca havia acontecido. Logo no início abri mão de fazer as perguntas da minha lista de principais fatos do século XX e, em algumas entrevistas, notei, quase não interagi. Quando ouvi de novo as fitas das entrevistas, fiquei surpresa por ter falado tão pouco, mesmo que eu me lembrasse bem das entrevistas. Era como se eu abrisse mão de tentar entrevistar em favor de uma conversa, e depois abrisse mão disso também, e me contentei em apenas sentar e ouvir.

Presumi que o Dr. Lewis entenderia isso e, já que ele é psiquiatra, poderia me dizer como recuperar o controle.

— Mas para quê? — ele pergunta. — Tenho certeza de que o que está fazendo com eles tem um grande papel no que está acontecendo. E um dos motivos pelos quais penso que é verdade é porque durante o ano passado dei muitas entrevistas a respeito do livro na televisão e no rádio e em diferentes cenários. Uma das coisas mais interessantes para mim, e que eu jamais poderia prever, é que *regularmente* a qualidade do *meu* pensamento na entrevista é um produto direto da qualidade do entrevistador.

"Por exemplo, fica bem claro quando fala com alguém, se esse alguém leu o livro ou não, se entendeu o livro ou não, se está fazendo simplesmente um trabalho, ou se tem algum tipo de interesse no assunto, se é algo vivo. E se não for algo vivo, se são monótonos, superficiais ou tristes, eu não conseguia dar vida. E fiquei frustrado até descobrir o que estava havendo. Quer haja a ressonância, quer não haja, e se não houver a ressonância, então é uma informação que não tem um grande significado, nenhuma profundidade. Era fascinante para mim, porque eu não poderia saber como seria a entrevista porque não dependia do que eu sabia a respeito do assunto. Então, tenho certeza, o ter estado na outra ponta das entrevistas é que faz a diferença."

— Dr. Lewis, diga o que está acontecendo nessas entrevistas. Diz que há uma troca entre duas pessoas. Que troca é essa, exatamente?

— Bom, como as pessoas são mamíferos, possuem essa parte no cérebro que permite que elas sintonizem o cérebro de outro mamífero. É por isso que, se olhar para uma cobra, tem a sensação de que não está acontecendo nada, porque é um réptil e répteis são pré-límbicos, o que quer dizer que evoluíram antes dessa parte do cérebro. Quando você olha para outra pessoa, você tem uma conexão emocional. Na maioria das vezes é o contato do olhar que faz a ligação, ou que a facilita, mas não tem de ser assim. Por exemplo, sabemos que pessoas ou bebês cegos podem ter esse contato, mas em geral começa pela visão. O seu cérebro lê a expressão facial, o tamanho da pupila, a linguagem corporal, em um instante — um microssegundo — e tira uma espécie de foto instantânea do que está acontecendo no cérebro da outra pessoa e faz pequenos ajustes a respeito. No mesmo momento, o cérebro da outra pessoa faz a mesma coisa.

— Espere, o que quer dizer "fazer pequenos ajustes"? Estamos falando de algo totalmente não-verbal e inconsciente, certo? — questiono.

— Emoções ou estados sentimentais são contagiosos — explica — porque as pessoas têm a tendência natural para detectar o estado emocional de outra pessoa e se alinhar a ele, ou de se aproximar dele. Então, se você se senta ao lado de uma pessoa extremamente ansiosa, começa também a se sentir um pouco mais ansiosa do que antes. Se está com alguém que esteja muito deprimido, você se alinha e fica um pouco mais cabisbaixo e soturno.

— Por isso as pessoas vão ao cinema ver filmes. Todos ao redor estão, simultaneamente, tendo as mesmas emoções que você e tem-se uma magnificação da experiência emocional. É por isso que filmes em uma sala de cinema são muito mais intensos do que se você vir sozinha na sua sala.

— Todos têm a tendência inata de sentir o interior de outra pessoa e de se alinhar um pouco na mesma direção. Então, quando encontra alguém, o seu cérebro e o cérebro da pessoa fazem a mesma coisa. Os cérebros meio que se alinham um com o outro. Se são compatíveis, o alinhamento é maior, e as pessoas sentem isso. Pode-se sentir no nível das entranhas. É o que querem dizer quando se fala que houve uma conexão com alguém ou que houve uma "química" ou uma forte ligação. Realmente *está* acontecendo alguma coisa entre essas pessoas. Isso faz sentido?

— Sim, mas o que é? É uma reação elétrica no cérebro? É uma reação química?

— Bom, tudo no cérebro é elétrico ou químico, então, com certeza, é isso. Como dizer... Digamos que eu olhe para a cadeira. Parece preta ou angular, ou há sombras. Mas nada disso existe na realidade; é uma realidade virtual que o meu cérebro cria, a partir de pequenos dados sobre radiação eletromagnética. E a criação do meu cérebro é o que existe. Não existe uma cadeira angular, sólida, preta, prateada, brilhante ou com sombras. A cadeira que eu vejo é uma realidade virtual que meu cérebro constrói. A mesma coisa é a verdade sobre a conexão entre as pessoas. Os cérebros fazem a função deles: alinharem-se uns com os outros. É um processo pelo qual um cérebro sintoniza o outro, se alinha, o outro cérebro sintoniza o primeiro, se alinha, o primeiro cérebro percebe o alinhamento, muda um pouco e aí por diante. Há um tipo de ricochete de alinhamento de um lado e do outro. É o processo. A nossa experiência é: "Uau, fulano é demais", "estamos amarrados", "estamos ligados" ou "somos alma gêmeas". Quando você sente isso, é inegável, é como a chave correta para a fechadura. Isso faz sentido?

Para mim faz sentido. Parece que sou boa em captar o estado emocional das pessoas. Meu cérebro "se alinha", nas palavras do Dr. Lewis. Venho me referindo a isso como "queda" e, segundo o Dr. Lewis, não é surpresa que eu tenha descrito como um bom sentimento.

— Sabe — ele explica —, não é um pensamento que tenha se originado comigo, mas é uma verdade que sempre se perde e as pessoas voltam a descobri-la e a perdê-la de novo... A única coisa que faz as pessoas felizes é passar o tempo com aqueles que lhes são emocionalmente próximos. Outras coisas não as fazem felizes. Na verdade, a maioria das coisas que nossa cultura diz que trazem felicidade não a traz, como um Rolex ou uma linda mansão, o carro tal, o emprego tal. Isso não traz a felicidade verdadeira. Aquilo que vai fazer você feliz, ninguém vai dizer. Vai ter que descobrir sozinha, se tiver sorte.

"Nos Estados Unidos, as pessoas são felizes? As pessoas felizes são de famílias de classe média, de muitas famílias com menos do que isso, que têm fortes valores familiares, coisas desse tipo. Passam muito tempo juntas — jantam juntas, jogam futebol nos fins de semana. Não têm empregos, carros ou mansões glamourosos, nunca serão executivos de sucesso, mas levam uma vida decente e são felizes. Penso que não se pode ter as duas coisas. Acredito que não se pode ser feliz e ser o melhor profissional do ramo, ou a pessoa mais bem-sucedida.

Claramente, suspeito, ele está exagerando para expor uma idéia. Há pessoas importantes que levam uma vida familiar feliz. O Dr. Lewis admite que a maioria dos pacientes dele está evitando ter filhos, cegos pela própria ambição, incapazes de encontrar felicidade até mesmo nos mais altos níveis de renda e poder, mas ele tem muita razão no que diz e acho que a maioria dos centenários que conheci concordaria com ele: Ruth Ellis, tão preocupada com os idosos solitários; R.L. Stamper, desesperado para encontrar uma esposa; e Helen Boardman, que reencontrou o amor depois dos 90 anos. Eles não esqueceram a importância do contato puramente humano, emocional, do modo que alguns de nós têm, do modo que eu sempre tenho.

Eu me senti entusiasmada depois de falar com Thomas Lewis. Andei pela cidade. A cidade era uma pintura viva. As árvores no campus da UCSF eram uma revelação. Meu carro de aluguel, a estação de rádio local, o trânsito, os planetas, tudo em uma aliança cósmica.

Naquela noite, com todas essas idéias fervilhando, saí do meu hotel perto da Union Square para ir a North Beach jantar com minha amiga Eve. Ela é alto-astral, tem o coração aberto. Já foi produtora de rádio e é psicoterapeuta, o tipo de pessoa a quem você quer contar tudo. Agora é executiva de uma empresa na Internet.

Contei a Eve sobre minhas experiências de "queda" com os centenários e sobre a teoria da ressonância límbica, e entendeu de imediato.

— Ah, é claro — disse. — E você não sabe por que terapeutas fazem os pacientes deitarem em um divã? Para que não olhe nos olhos deles. É muito intenso. As pessoas se apegam.

Despedi-me de Eve e voltei para o meu quarto. Eu tinha que andar e pensar melhor no assunto.

Eu não estava me apaixonando por todos os centenários, mas havia passado tempo demais com eles e senti as emoções muito profundamente. Eu me senti próximo a eles e olhei nos olhos deles por horas. Se eram animados, como Anna Wilmot e Helen Boardman, eu me sentia ótima. Se eram aborrecidos e solitários, como R.L. Stamper, eu também me sentia assim. Harry Shapiro, o pintor, fez com que eu sentisse a introspecção esperançosa dele.

Agora percebo que havia me colocado numa posição vulnerável ao me sentar tão perto, ficar tanto tempo, por não ter um roteiro. Mas isso que tenho encarado como passividade foi o que proporcionou aos entrevistados mais facilidade de falar.

Em toda a minha vida profissional, sempre quis ser a que fala, a que se apresenta, a autora, quem está no meio da roda contando a história. Não importa que eu nem seja muito boa nisso, não consigo nem contar uma piada muito bem. Mas agora começo a entender que a minha força real possa ser como ouvinte.

15

Marion Cowen

"Eu apenas aceito a minha vida dia a dia."

Na manhã seguinte, às 8:30, já estou batendo à porta de um apartamento em Ocean Beach, em frente ao Pacífico. Venho para entrevistar Marion Cowen, de 101 anos.

Ele foi recomendado a mim por uma agência de serviço social chamada Little Brothers/Friends of the Elderly. A missão do grupo é aliviar a solidão entre a grande população de idosos de San Francisco, grande porcentagem dos que vivem sozinhos. A Little Brothers junta voluntários e idosos para visitas sociais e saídas ocasionais. Eles me apresentaram a Marion Cowen e um voluntário chamado Peter Carlson, que faz visitas a Marion há quase 10 anos. Também me mandaram recortes de jornal a respeito de Marion.

SÉCULO DOURADO SALPICADO DE ESTRELAS, diz uma manchete no *San Francisco Examiner*, e há uma foto do Sr. Cowen ao piano, em frente a dois candelabros. Ele está sentado de lado para a câmera, mãos no colo, cabeça arqueada, olhos fechados pelo riso. Tem olhar doce, pequenino e dedos longos e graciosos de artista.

O artigo diz que ele se lembra do terremoto de 1906 e que está tentando publicar um romance. Acha que Matt Damon seria perfeito para o papel na versão cinematográfica de um conto que ele escreveu, e tem uma idéia para outro livro, também, chamado *Os amores de Sally*, sobre os oito maridos de uma famosa dama de San Francisco, Sally Stanford, que era amiga dele. Ele trabalhou no teatro em Nova York e em Hollywood nos anos 20 e 30. O pessoal da Little Brothers me assegurou que ele é um grande contador de histórias.

Peter Carlson, o voluntário, vem até a porta. Está ansioso para que eu conheça Marion e parece querer ajudá-lo com a entrevista.

O apartamento é pequeno, apenas três cômodos, e cheio de plantas. Uma janela emoldura a vista espetacular do oceano. O piano está no canto, fechado. A sala de estar está desarrumada, como se outra pessoa além de Marion estivesse vivendo entre os pertences dele.

Peter me apresenta a uma enfermeira que está preparando uma refeição na cozinha aberta e então me leva até o quarto.

Marion está deitado na cama, recostado sobre dois travesseiros brancos. Está usando pijama de seda azul-marinho. O lençol está puxado até o queixo dele, então só vejo a cabeça, os ombros, os braços e as mãos, que estão cruzados sobre o peito. Os dedos estão relaxados, as unhas bem cortadas. Está quase que totalmente careca. Há uma caixa de bombons aberta ao lado dele na cama.

— Bom, olá — cumprimenta, a voz é um pouco nasal.

— Marion, esta é a repórter de quem falei, da rádio — explica Peter.

— Ah! Bom, é um prazer conhecê-la.

Coloco o meu gravador ao lado da cama dele e prendo o microfone no pijama. Peter pede licença e vai para a sala de estar.

— Qual é o propósito do que você vai fazer aqui?

Falo com ele sobre a série no rádio. Ele é cheio de perguntas educadas.

— E de onde parte a radiodifusão? — pergunta ele. — E qual é o nome do programa? Talvez queira alguma coisa antes de começarmos.

Recuso, ansiosa por começar.

— Quanto tempo vai ficar na cidade?

Paramos com a conversa fiada e eu começo.

— Fale sobre algumas de suas mais antigas lembranças. O que se lembra de sua infância?

— Bom, me lembro do terremoto e do fogo. Me lembro de cada detalhe, é claro.

— O que aconteceu à sua casa?

— Não aconteceu nada. Nós vivíamos em Oakland, na época. As porcelanas quebraram, essas coisas. A chaminé desabou, só isso. Não conseguimos cozinhar por um bom tempo. Tínhamos de cozinhar na rua. Todos tinham de ficar entrando e saindo, todas as chaminés desabaram. Não me lembro de *todos* os detalhes.

Eu havia lido alguma coisa sobre essa história na matéria do *Examiner* sobre ele.

— Sua avó morava em San Francisco na época — digo.

— Sim, e fui buscá-la com a minha mãe. O terremoto foi de manhã cedo e pegamos a balsa para atravessar a baía. Minha mãe era uma pessoa bem agressiva e havia um boato de que a balsa não seguiria e ela ameaçou atravessar a nado se a viagem não prosseguisse. Bom, de qualquer modo, nós chegamos à cidade, andamos pelas ruas de paralelepípedos e paramos no Palace Hotel. Minha mãe era amiga da Baronesa Kirkpatrick, que dirigia o hotel. Depois fomos até onde minha avó morava.

— O senhor viu o fogo?

— Bom, estava a caminho. Ainda não havia atingido aquela parte da cidade. Minha mãe conseguiu alugar um cavalo, uma charrete e um cocheiro, fomos em direção à fronteira da cidade até chegarmos à balsa e voltamos.

— Sua avó estava com medo?

— Todos estávamos excitados, mas não me lembro de nada que ela tenha dito especificamente.

Foi o grande terremoto de 1906, o mesmo que Helen Boardman sentiu em Los Angeles. Marion devia ter quase sete anos na época. Acho que ele já deve ter contado essa história centenas de vezes e, como resultado, parece um pouco superficial. Decido tocar em outros assuntos.

— Como se interessou pelo teatro?

— Eu fazia papéis infantis em dois teatros de Oakland. Minha mãe tinha um amigo que me colocava nos espetáculos sempre que precisassem de crianças. Uma coisa levou à outra.

— E como chegou a Nova York?

— Fui de barco. Fui clandestino por procuração. O capitão arranjou tudo.

— O capitão escondeu o senhor?

— Sim, era um cargueiro chamado *Eastern Glade*.

Começo a refletir sobre a memória dele. Ele pula de fato em fato, sem contar histórias. Alguns fatos são como jogar pedras em um riacho. Ele vê as pedras e consegue chegar a elas, mas não consegue descrever o riacho. É muito indistinto.

— E quando chegou a Nova York?

— Bom, me deixe pensar. Eu estava no fim da adolescência. Deve ter sido nos anos 20.

A matemática não bate, mas deixa pra lá.

— Conheceu alguém em Nova York quando chegou lá?

— A Sra. David Belasco. Era prima do meu pai e tudo deu certo.

David Belasco foi um famoso e excêntrico produtor e autor teatral do início do século. Era conhecido por produções luxuosas que hoje são conhecidas como "efeitos especiais".

— Como era Nova York na época?

— Era muito diferente daquilo com que estava acostumado. Meu pai era primo da Sra. David Belasco. Eu a procurei e uma coisa levou à outra. Ela me ajudou e consegui empregos com vários produtores e foi assim que entrei para o teatro.

— Era um sonho trabalhar nos teatros de Nova York?

— Eu trabalhei, e aconteceu o seguinte: meu pai era primo da Sra. David Belasco. A mãe dela era irmã da minha avó.

— Em que tipo de produções trabalhou em Nova York?

— Ah, eu teria de pensar muito a esse respeito. As peças regulares da Broadway, peças diferentes.

— Entendo que foi diretor.

— Conheci David Belasco muito bem, é claro. A esposa dele era prima do meu pai.

Estamos conversando há apenas 15 minutos e não está dando certo. Tive a impressão, pelos artigos de jornal que li e com as pessoas com quem conversei, de que ele era ótimo em contar histórias. Devo ter vindo em um dia ruim. Não estou ouvindo nenhuma história e começo a fazer perguntas aleatórias, esperando que ele se interesse por algum assunto, mas só estou piorando as coisas. Ele está ficando confuso.

Por sorte, Peter Carlson entra. Ele estava nos escutando do outro cômodo e sabe que desviamos do assunto. Ele me traz algumas páginas do material biográfico de Marion, que ele mesmo havia marcado. Ele é gentil e tem tato, não quer alarmar Marion, só tenta me ajudar a conhecer a história que ele ouviu tantas vezes.

— Marion já me contou muitas coisas sobre o teatro — Peter me diz. — Marion, você gostou de "Guys and Dolls"?

— Eu não tive nada a ver com isso — diz Marion.

Peter vira-se para mim.

— Ele odiou "Guys and Dolls".

Olho as páginas que Peter me entregou.

— Você estava em Hollywood nos anos 30 — digo a Marion.

— Não me lembro. Mas é bem provável.

Marion está perdendo o interesse nas minhas perguntas e eu não posso culpá-lo. Conheci tantos centenários mentalmente lúcidos e estou nervosa porque não é o caso dele. Paro de fazer as perguntas que o estão colocando à prova e entro em uma linha de pensamento mais pessoal.

— Alguém mais em sua família viveu até os 100 anos?

— Acho que não. Certamente não os meus pais.

— Como se sente, Marion?

— Ah, eu estou bem. Não tenho muita consciência da minha idade. Eu sei que é real, mas eu não faço especulações.

Há uma longa pausa e ele parece distante.

— Lamento por você ter que mergulhar tão fundo para conseguir alguma coisa — diz, com tristeza. — Aceito as coisas conforme vão acontecendo.

— Tem familiares ainda vivos?

— Não.

— Teve irmãos e irmãs?

— Não, eu sempre me isolei.

— O senhor se sente isolado?

— Nunca pensei nisso. Ah, estou fazendo você tentar descobrir tudo.

— Tudo bem — eu o tranqüilizo, e deixo que passem muitos momentos. — Vejo que está com uma caixa de chocolates aí — ele não tocou na caixa desde que cheguei.

— Não sei de nada a respeito.

Marion está se afastando; a energia dele está se esgotando, eu sinto. É como uma vela que se apaga.

— Marion, tem uma bela vista do mar — falo, baixo.

— Não costumo olhar muito – ele responde. — Quando você volta?

— Acho que amanhã.

— Muito cedo — diz.

Naquele momento, estou pronta para desligar o gravador quando um gato pula na cama, indo em direção a Marion, em longas passadas.

— Ah! Soho! — Marion volta à vida. — É um ótimo cara. Ele cumpre bem a sua responsabilidade. Ele tem grande interesse em tudo que acontece aqui. Não é apenas um enfeite.

— Tem sorte em ter um gato — comento.

— Ah, sim! E ele é muito compreensivo e solidário. Ele sabe que, até certo ponto, tem de tomar conta de mim.

— O senhor acha?

— Ah, tenho certeza. Ele tem personalidade. Vive a própria vida e só faz o que quer — Marion acaricia o grande siamês. — Ele é muito esperto. Pelo que sei, ele assume o papel. Tem um interesse de proprietário em mim.

— O senhor pertence a ele — acrescento.

— Ah, sim, muito.

Faço algumas novas perguntas, na esperança de que recupere a energia.

— Marion, tem o hábito de sair?

— Ocasionalmente. Quando acontece.

— Sai de casa para ir ao médico?

— Não tenho médico. Não preciso de médico. Apenas aceito a minha vida dia a dia. Mas eu saio muito.

— Sai?

— Ah, sim, claro.

— Consegue andar direito?

— Ah, sim. Não sei por que estou na cama hoje. Não tenho que fazer isso. Apenas aconteceu. Estou na cama, mas não preciso ficar na cama. Parece que hoje aterrissei aqui — afirma. — Quais são seus planos?

— Bom, amanhã eu pego um avião e vou para casa.

Lembro-me da matéria no jornal sobre Marion, descrevendo os romances e os musicais que ele escreveu, e da intenção de pedir a ele para tocar piano. Parece impossível, neste momento.

— Eu gostaria de perguntar sobre os musicais que escreveu. Pode me contar sobre isso?

— Não muito. Certamente revisei muitos deles. Não sei se posso reclamar a autoria. Não penso nessas coisas há muito tempo.

— É difícil se lembrar de algumas coisas?

— Bom, eu não tentei, não posso dizer — responde. — E quando você vai embora?

— Amanhã.

— Ah! — lamenta, acrescentando um suspiro dramático. — Tão cedo.

Finalmente compreendo que ele está me pedindo para sair. Peter Carlson entra e tenta ajudar, fazendo mais algumas perguntas a Marion que ele acha que pode levar a boas histórias, mas também não está dando certo com ele.

Peter me entrega mais papéis quando vou embora, material biográfico sobre Marion, mais matérias de jornais e trechos dos escritos dele. Agradeço a Marion e a Pete e vou embora. Na verdade é mais certo dizer "fugir", sentindo que Marion está perto da morte.

Estou ansiosa para ir para bem longe.

De volta ao centro, perto da Union Square, saio para dar uma volta. A multidão se move, rápida nas calçadas.

Como é meu hábito, quando penso que estraguei tudo, tenho que tirar um tempo para mim e me conscientizar de que fui burra. Que idiota. Por que não telefonei antes para Marion? Poderia tê-lo poupado da ansiedade que causei.

Em um café, leio os papéis que Peter me deu. Há uma entrevista com o médico de Marion. Ele me disse que não tinha médico. Há sinopses de musicais escritos por ele, oito deles, uma série chamada *Queen of Nevada*, sobre uma escocesa chamada Eilley Orrum. A primeira cena começa com uma "cena noturna de uma festança estranha e fantástica, em urzal com fadas, duendes e elfos liderados por Kind Kelpie". Nos capítulos seguintes, Eilley se muda para a América, se casa com um mórmon e descobre as minas de ouro e prata de Comstock. Em um ponto, Eilley "brilha ao fulgor de seus bailes espetaculares" e, perto do fim, "prevalece a alegria e a admiração".

Folheio a sinopse e fico maravilhada com a mão-de-obra que deve ter dado e a imaginação prodigiosa que produziu tudo. Ele deve ter levado anos para escrever toda a série. A biografia de Marion tem quatro páginas. Ópera. Teatro. Romances. Peças para radioteatro. Roteiros para TV e poesia, incluindo *Too Much is Not Enough*, uma coletânea de "versos bizarros". Marion escreveu guias de viagem sobre a Califórnia e trabalhou para a Warner Brothers, selecionando sinopses com potencial para virar filme. Era uma carreira fascinante, se não totalmente ilustre. Estou surpresa e impressionada em como ele foi prolífico.

Mas algumas coisas aqui o contradizem na entrevista. Não sei o que é real.

Ligo para Peter de um orelhão na rua, para ver se ele me ajuda a preencher as lacunas. Combinamos de nos encontrar no fim do dia.

Volto para o hotel atravessando a Union Square. Uma mulher canta em um microfone na praça. Ela parece solene, braços ao longo do corpo, cabelo longo e claro, camiseta sem sutiã, saia longa. Canta sobre não ter teto e sobre a solidão, pedindo dinheiro a quem passa. A voz é rouca e bonita. Não consigo tirar os olhos dela.

"Vai se lembrar de mim hoje à noite?", canta.

Penso na minha conversa com o Dr. Lewis sobre como a conexão emocional com outra pessoa é tudo o que faça você feliz.

"Vai se lembrar de mim hoje à noite?", a mulher pergunta aos turistas indiferentes, declarando a solidão ao mundo.

Deixo um dinheiro para ela, mas ainda estou nervosa depois do meu fracasso na conversa com Marion, e de repente sinto remorso por meu insucesso em chegar até ele. A dor dessa jovem paira sobre as pessoas como uma névoa azul.

Meus medos mais profundos afloram. Será que vou ser solitária na velhice?

— A vida de Marion é basicamente o que você viu hoje — conta Peter Carlson. — Às vezes vou perguntar se ele deseja alguma coisa e ele me diz: "Tenho uma vida bem sossegada. Vivo como um marisco." Hoje de manhã, antes de você chegar, Marion me perguntou quantos anos tinha. Queria se lembrar para lhe dizer.

— Como ele consegue viver sozinho? — pergunto.

— Há três acompanhantes que vão durante o dia, contratados através de algum tipo de agência — Peter explica. — Uma pessoa vai todos os dias, mas Marion passa as noites sozinho.

— Há alguém que seja legalmente responsável por ele? Se houver alguma decisão médica a ser tomada, quem é o responsável? — pergunto.

— Bom, se houver alguém, deve ser Paul, amigo de longa data. Foram muito próximos por muito tempo.

A sugestão de um relacionamento é uma surpresa. Marion nunca havia tocado no nome de Paul — nem de ninguém — e quanto mais converso com Peter, mais eu entendo que Marion Cowen perdeu o gosto pela vida. Ele está entre este mundo e o outro.

16

Ruth Ellis III

"Eu só quero ir embora deste mundo."

Eu estava agitada e superestimulada quando voltei de San Francisco. Tudo me parecia vívido. Enquanto caminhava em meu bairro em uma tarde quente de domingo, ao som dos grilos, achei que estava ouvindo cada um, individualmente.

E então, poucos dias depois da minha volta, em 5 de outubro, Ruth Ellis morreu. O e-mail de Sarah Uhle foi breve:

> Esta manhã, entre 6:00 e 6:30 da manhã, Ruth partiu enquanto dormia. Estava em paz. Estamos muito gratos por ela ter podido ir embora como ela sempre quis: em casa, entre amigos, sem muita comoção.

Duas semanas depois, eu estava em um banco de igreja no centro de Detroit, a algumas quadras do apartamento de Ruth.

— Olhem a seu redor — diz o celebrante. — Esta é a comunidade heterogênea que Ruth Ellis criou.

A igreja estava cheia de mulheres e homens, crianças, adolescentes, idosos, casais de gays, e filas e mais filas das meninas de Ruth.

— Ruth nos deu uma visão de como o mundo poderia ser. Ela diria: "Diga a todos que eu amo a todos."

A multidão afirmou que era verdade.

— "Sou apenas uma pessoa comum", Ruth diria.

Todos ouviram Ruth dizer isso.

— Veja o que o poder da simplicidade pode fazer! — Sorrisos em toda a parte: Um de cada vez, antigos amigos, ministros e pessoas que trabalhavam nos centros de idosos a quem Ruth amava contaram as histórias favoritas sobre ela.

— Ela passou pela nave da igreja, dando aquele aceno real e dizendo: "Não esqueçam dos idosos!" — lembrou uma mulher do centro de idosos. — No aniversário de 100 anos, demos a ela um dólar para cada ano da vida dela. Duas semanas depois, ela fez uma doação de US$200 para o centro.

Dorothy Rutkowski, uma amiga de longa data, levantou solenemente. Ela era alta e bonita, voz macia, com um sorriso fácil.

— Sou uma das crianças da Srta. Ruthie — disse Dorothy. — Ela teve muitas famílias.

E Dorothy revelou que uma vez, em uma dança, ela e Ruth se casaram ao pular a vassoura.

Jaye Spiro, a mulher que havia apresentado Ruth à comunidade lésbica branca de Detroit 20 anos antes, falou a respeito da festa de 101 anos dela no mês de julho. Houve um grande bolo.

— Ruth olhou para ele — contou Jaye — e disse: "Espero que não haja mais nada disso."

Havia um coral gospel, um violinista e poemas foram recitados. No fim da cerimônia, um grupo de mulheres tocando tambores liderou a saída do santuário até o salão de convivência. Todos sorriram e aplaudiram, concordando que Ruth teria adorado.

Algumas horas depois, eu estava no centro, em um alegre restaurante grego, com mais sete mulheres, todas querendo conversar mais a respeito de Ruth.

Sarah Uhle falou a respeito dos últimos dias de vida de Ruth, como ela disse às mulheres que estavam cuidando dela que ia mostrar "como morrer cientificamente". Depois que saiu do hospital, Ruth parou de comer, ansiosa para "fazer a transição", como ela chamava.

Carolyn Lejuste, que divide a casa com Sarah, queria falar sobre o último banho de Ruth.

— Ruth adorava a banheira, adorava banho.

Carolyn trabalha com deficientes físicos, então ela sabia como entrar na banheira com Ruth e segurá-la enquanto Sarah dava o banho.

— Foi um belo momento. Eu disse a Ruth: "Vai ficar na lembrança", e Ruth disse: "Lembranças, lembranças, lembranças. Serão apenas lembranças."

Alguns dias depois, Ruth estava na cama alternando momentos de consciência. Havia pessoas com ela 24 horas por dia. Ela os instruiu para fazer anotações, "porque é história". Mantiveram um diário.

1º de outubro de 2000:

Ruth acordou e disse que quer dizer a todos que ela ama a todos, e quer colocar no recado da secretária eletrônica que ama a todos. Ela disse a Mary Parker essa manhã que não quer que as pessoas perguntem como ela está porque ela está se sentindo mal e não vai melhorar.

Às 11:00, ela pediu para que a levantassem um pouco. Ela disse que não acha que está dormindo. Não aceita bebida quando Mary tenta molhar os lábios dela. Fica agitada quando tentam colocar-lhe algo na boca.

Às 11:15, Jeanne veio relatar que Ruth disse a ela que tem "um plano. Eu não quero ninguém encostando em mim. Não me mimem. Pode ir para o outro cômodo".

Às 12:30, Ruth disse: "Tudo é científico agora. Até temos que morrer cientificamente." Ela disse que é o que está fazendo, e riu.

Às 14:35, ela disse: "Estou tendo companhia demais." Ruth está consciente de nossa presença quando vamos vê-la. Ela abre os olhos mas não age como se realmente quisesse alguém no quarto.

Às 14:55, ela disse: "Eu não sei o que estão fazendo comigo. Não consigo dormir. Parece que eu estou fora daqui há muito tempo. Eu não entendo por que não consigo dormir."

15:10 — "Ruth Ellis, Ruth Ellis, é Ruth Ellis. Há alguma coisa errada. Não entendo por que não consigo fazer a transição. Eu quero fazer a transição e não consigo."

16:25 — Perguntou a Mary Parker se ela ia passar a noite. Quando Mary disse que: "Sim, não vamos deixar você", ela respondeu: "Bom, desde que alguém esteja aqui."

16:35 — "Ah, vamos, eles confundiram o meu sexo. Pensam que sou homem, mas não sou. Você olhou o computador?" Ela sorri.

"Não estão fazendo a coisa certa. Confundiram tudo. Andaram achando que eu sou homem, mas não sou. Já era para eu ter ido embora. Não deu certo. Não sei se você entende o que estou dizendo, já era para eu ter feito a transição, mas não fiz... Eu vou voltar, voltar, voltar... Não quero manter ninguém atrás de mim que queira sair. Estou confusa. Acho que estou em um lugar e não estou. Não escuto o que dizem."

17:35 — "Acabei com eles, dei uma canseira neles.

Meia-noite — "Só quero ir embora desse mundo."

17

Roy Larkin Stamper II

"Se vivermos juntos seis meses ou um dia,
pelo menos ficamos juntos."

Passaram-se seis dias. É uma manhã de sexta e estou olhando pela janela, fazendo o que free lancers fazem, olhando passarinhos. O telefone toca.

— Achei que gostaria de saber que R.L. Stamper vai se casar essa noite.

É um amigo de Stamper, um pastor que conheci na primavera passada, em Tulsa.

Vinte e cinco minutos depois, estou a caminho do aeroporto, contemplando a possibilidade de que seja um milagre.

Por causa do mau tempo, chego ao rancho de Stamper às 10 da noite e perco a cerimônia. O filho de R.L., Claude, e alguns amigos estão calmamente jogando cartas na mesa da cozinha. Não sei dizer se ele está feliz ou não.

— Quer ver os noivos?

Ele me leva à casa ao lado, como há cinco meses, na minha primeira visita.

Uma mulher baixa está perto da geladeira aberta, a luz refletindo o vestido azul-claro. Ela se vira em minha direção.

— Ah, sei quem deve ser! A moça da rádio! — diz, e me dá um abraço.

Josephine Williams é a noiva de R.L. Stamper e, parece, uma ouvinte da rádio pública. Ela ouviu Stamper no rádio, no verão passado.

— E eu pensei: "Que homem! Preciso saber mais sobre ele."

Então resolveu procurá-lo.

— Liguei pra ele e disse: "Sou uma cristã nova."

Começaram a se corresponder. Ele pediu a ela que mandasse uma foto e então, em setembro, mandou uma passagem de avião para que ela fosse visitá-lo.

— O que despertou seu interesse por ele? — pergunto.

— Principalmente o fato de ele servir a Deus e querer a salvação dos pecadores — responde ela.

Vamos até o quarto dos fundos, onde R.L. está se preparando para dormir. Ele veste uma camiseta, calça e bota.

— Ora, olá! — está animado mas parece cansado. Estica as duas mãos em minha direção. Beijo-lhe a bochecha. O cheiro da loção pós-barba ainda é o mesmo.

Eles me oferecem um pedaço do bolo de casamento, mas estamos todos exaustos. Prometo voltar pela manhã.

R.L. está terminando de tomar café quando chego. Josephine está brincando com ele e ele sorri. Ela é simpática e bem-humorada. A voz é alta e fina, com um gracioso sotaque sulista. Ela é de Shreveport, Louisiana. É uma mulher muito bonita, de cabelos brancos e olhos azul-claros. Tem 80 anos.

— Estava planejando se casar?

— Não! Eu estava viúva há 20 anos. Não cheguei a sair com mais nenhum homem, achei que não estava nos planos de Deus. Apenas conheci um homem diferente de todos os outros que havia conhecido. Você deve *saber* quando fala com um homem de Deus, você *sabe*. Deus quer que sejamos testemunhas. Eu *sabia* que era um bom homem, um homem temente a Deus. Eu não sabia se íamos ficar amigos quando telefonei para ele. Sabe, é verdade que podemos amar de novo e também é verdade que nem tudo tem a ver com a idade que se tem.

Viro-me para o novo marido dela:

— R.L., quando estive aqui na primavera passada e me disse que estava procurando companhia, achava que aconteceria?

— Tudo é possível. Deus estava fazendo os preparativos. *Ele* a escolheu para mim. Eu O levei em consideração. Eu não chegaria nem na caixa de correio sem Deus. Eu O quero em nosso casamento. Sabe, quem reza junto permanece junto.

— R.L., o que a sua família disse quando comunicou que ia se casar?

Ele sorri.

— Bem, um morreu e os outros ficaram muito doentes, mas continuamos rezando até todos desistirem e acabarem aceitando.

— Ficaram preocupados...

— Preocupados com meu bem-estar. Você não sabe o que enfrentei. Tinham medo de que alguém se aproveitasse de mim e pegasse meu dinheiro. Sabe, eu tenho dinheiro guardado — ele pisca. — Eles pensaram em tudo que poderia acontecer, menos na coisa *certa*. Eu disse a meu filho: "Seja lá o que *você* traga para casa, mesmo se uma negra, eu aceito. Faria a mesma coisa por mim?" E ele disse que sim. "Será bom para ela?", perguntei. E ele voltou em uma hora e eu disse: "Muito bem, vou me casar." Acho que está tudo bem agora.

— Se vivermos juntos seis meses ou um dia, pelo menos estamos juntos, não sozinhos, e *é alguma coisa* — ele prossegue. — Precisamos ter *alguém*. Eu até gostaria de ter um cão, qualquer coisa! Bem, ela é melhor do que um cão e agradeço a Deus. Dou graças por termos encontrado um ao outro.

A esposa anterior de R.L., a terceira, morreu 14 meses depois de uma longa doença e ele passou por maus momentos sozinho.

— Uma mulher fica melhor sozinha do que um homem — diz ele. — Estão acostumadas com a casa.

— Josephine, o que seus filhos disseram quando contou que ia se casar?

— Bem, não disseram que estava tudo bem de primeira. Quiseram saber mais coisas sobre ele. Não tinham certeza de que eu não estava entrando para uma seita. Bom, não é uma seita. Não tem nada disso aqui. É um rancho. É diferente, mas não é uma seita!

— Quer dizer que ficaram preocupados em saber se havia algo de cunho religioso aqui.

— É, alguma coisa que estivesse me atraindo. Ficaram curiosos. Não ouviram a entrevista como eu. Sabe, as pessoas nem sempre têm a mesma impressão. Eu acreditei que ele era um homem de Deus. Eu não estaria aqui se ele não fosse.

— Amém — diz R.L., sorrindo. — Ela é pequena, mas é toda minha.

— Assinaram contratos pré-nupciais?

— Ah, sim — diz Josephine.

— E todos concordaram?

— Ah, sim. Sabe, há cinco gerações de Stamper aqui. Todas essas pessoas trabalham juntas. É o negócio deles... O filho de R.L., os netos. Deve prosseguir assim, e eu assim espero. Eu não me casei com ele por questões financeiras. Tudo isso deve permanecer na família dele. Eu não me casei com ele esperando que a propriedade fosse para a minha família. Mas eu acredito que ele vá cuidar de mim. Sei que esse homem vai cuidar de mim o melhor que puder.

— Com a ajuda de Deus — diz R.L. — É meu dever. Deus me ajude. Vou conseguir.

Mais tarde, naquele dia, me vejo dirigindo e sorrindo. Estou dirigindo o cadillac azul de R.L., como imaginei na primavera anterior, se tivesse 20 anos a menos. O Sr. Stamper e eu estamos no banco da frente, e vamos em direção a Tulsa, para participar de um banquete. No retrovisor, vejo Josephine, quase adormecida, sentindo-se segura nas mãos de quase estranhos.

18

Louisiana Hines II

"Significa alguma coisa fazer o bem. Tem um sentido. Quer dizer alguma coisa."

No início de novembro, eu estava quase terminando a série no rádio. Ainda faltavam dois perfis. Estava ficando difícil escolher a quem entrevistar. Eu tinha muitas sugestões tentadoras de ouvintes, mas em novembro decidi voltar a Detroit e conversar de novo com Louisiana Hines. A nossa entrevista na primavera anterior parecia incompleta — eu não havia colocado no ar. Agora eu achava que poderíamos conversar melhor.

A neta, Darlene, concordou em organizar tudo.

Quando cheguei, a Sra. Hines estava no fogão, fritando asas de frango.

— Sabe que chamavam minha mãe de "Callie cozinheira"? — comenta. — Ela sabia fazer qualquer comida. Qualquer comida.

Ela prometeu guardar um pouco para que eu provasse mais tarde.

Eu estava me sentindo melhor do que da última vez que estive lá, mais relaxada. Acho que ela também.

Fomos até a sala de estar e nos sentamos no mesmo lugar da primavera passada. Agora havia uma árvore de Natal em frente à lareira. Estava decorada com caixa de ovos de isopor pendurados nos galhos, os fundos cuidadosamente cortados. Ela fez tudo sozinha.

— O que a sua mãe fazia para se preparar pro Natal? — perguntei.

— Ela começava a cozinhar alguns dias antes, e sabia cozinhar qualquer coisa e aprontar tudo. Ela fazia bolos e tortas e coisas do tipo. Mas a primeira coisa que ela fazia eram os bolos, sabe. Fazia bolo sem seguir medidas. E ficavam muito fofinhos. Ela usava muita manteiga e muitos ovos, e tudo. E tinha uma peneira — ela peneirava a farinha sacudindo assim. Não era como é hoje.

A Sra. Hines foi criada em uma fazenda do sul do Alabama. Ambos os pais eram filhos de ex-escravos.

— Não sei — continuou. — As pessoas antigamente não seguiam livros de receita, mas a comida era melhor do que hoje, sabe. Era muito boa, e não estragava como estraga hoje em dia.

— É mesmo?

— Mmm-hmm.

— Naquela época, vocês tinham árvore de Natal?

— Como assim?

— Uma árvore de Natal, como faz hoje.

— Ah, sim. Mas a nossa árvore de Natal não era como hoje. Íamos até o bosque e pegávamos azevinhos e cedro. E as casas não eram construídas como hoje. Cabiam árvores inteiras nelas. Então os jornais, nós cortávamos em tamanhos diferentes — alguns maiores, outros menores. Pegávamos farinha e fazíamos uma pasta, não tínhamos cola, juntávamos os pedaços e pendurávamos. Havia correntes também. Então íamos até a estrada e pegávamos argila vermelha e branca. Usávamos a argila branca na lareira, e depois pegávamos a vermelha e fazíamos desenhos, uh-huh. E então areia branca para parecer farinha e jogávamos tudo na lareira e, sabe, naquela época era lindo. Não existiam as coisas que existem hoje. Não faziam o que se faz hoje.

Ela descreveu pacientemente o trabalho da mãe: como era o dia de lavar roupas, como ela batia as roupas, passava com goma feita por elas mesmas, faziam salsicha, cuidavam do jardim, defumavam carnes. Ela tinha orgulho dos pais e tinha lembranças bem vivas dos avós também. Eu estava especialmente interessada em ouvir o que ela sabia a respeito da vida deles como escravos.

Os avós dela foram escravos em uma plantação não muito longe de onde ela cresceu, de propriedade de um homem chamado Jack Bimbo, que, assim disseram a ela, nunca surrava os escravos, como outros senhores.

— Às vezes, os colocavam em um tronco e batiam neles, mas Jack não permitia, e quando havia alguma diversão, ele disse: "Terminaram o trabalho, eles podem sair e se divertir." Ele permitia que dançassem e que fizessem o que quisessem. Meu avô, ele sabia dançar, ah, sabia.

"Ele sempre dizia: 'Bimbo era um bom homem.'"

— Conheceu o seu avô? — pergunto.

— Meu avô? Ah, sim, sim, sim. Eu me sentava nos joelhos dele e conversávamos. Eu estava com ele quando foi embora. Ele costumava me dizer como ele ia embora. E eu disse a mim mesma: "Eu quero ver como é." Ele disse: "Eu não vou morrer, vou simplesmente dormir", foi assim que ele fez. Fui a última pessoa a falar com ele. Ele disse: "Temos corda, querida, como um relógio, e acaba." Ele disse: "A minha está acabando. Está acabando, tenho cada vez menos. A única pessoa que pode mudar isso é Jesus, mas está acabando." Ele disse: "Vou para onde a Dama está" — chamava a esposa de Dama. Ele disse: "Estou indo embora, não chora. Vovô vai descansar."

Pedi à Sra. Hines para me repetir algumas histórias que ela me contou na primavera anterior. Eu queria ouvir mais sobre tudo. As histórias fluíram melhor nessa segunda visita. Acho que estávamos as duas mais à vontade. Ela tinha mais noção do que eu queria e eu estava prestando mais atenção. Ela me contou de novo a história de George Teague, primo da mãe dela, que foi linchado por pregar que negros e brancos eram iguais perante os olhos de Deus. Lembrou-se de novo de como os brancos mataram Teague, de que o drogaram e depois foram atrás dos filhos dele. "Não sabemos o que aconteceu com aqueles meninos."

— Desapareceram — eu disse.

— Eram meninos pequenos, crianças pequenas, mas não sabemos o que aconteceu. E essa menininha, Rosie, quando voltaram, uma senhora branca disse que ela era muito bonita, e não quiseram matá-la. Disse:

"Não mexe com ela, deixa ela em paz." Mas os irmãozinhos dela, não sabemos, as pessoas acham que devem ter sido mortos em algum lugar e que devem ter jogado os corpos no rio. Não era longe de Blue Creek. Nunca mais foram vistos. Eram crianças pequenas, deste tamanho.

Ela esticou a mão, palma para baixo, e falou devagar.

— Mas disseram que não podiam ser iguais porque eles eram brancos.

— Em sua infância, tinha medo dos brancos?

— Não, nunca tive medo dos brancos. Não. Mmm-hmm. Uh-uh. Eu nunca senti medo — a voz dela ficou mais forte, alta. — Não sinto medo. Por isso fico sozinha. Não tenho medo de ninguém, não tenho medo de você.

— Mas e quando ouvia histórias assim?

— Mmm-hmm. Não sentia medo. Eu não saberia como.

— As outras pessoas sentiam medo?

— Eu não sei.

— Seus pais?

— Não sei. Eles não falavam a respeito. Meu pai não era de ter medo, mas ninguém diria que ele não era uma pessoa malvada, também. Lá podia se conseguir armas e munição — o quanto quisesse — e ele tinha de todos os tipos: lâminas de ceifadeira, pistolas, armas de antecarga e revólveres. Ele costumava atirar, e nos ensinava a atirar.

— Ah, ensinava?

— Ah, sim. Mas ele rezava para que não fosse necessário pôr em prática. Mas se fosse preciso, faríamos. Se não fosse preciso, não faríamos. E ele tinha *armas*, querida.

Quando perguntei à Sra. Hines se ela tinha medo, eu estava pensando em como deveria ser morar numa área rural, sabendo que os brancos poderiam chegar a qualquer momento em sua casa, acusá-lo falsamente de alguma coisa, levar você embora e matá-lo.

Li recentemente o livro *Life is so Good* de um outro centenário, George Dawson, que cresceu no sul do Texas, mas os avós haviam sido escravos no Mississippi. Ele também testemunhou um linchamento quando criança, de um homem que ele conhecia e se chamava Pete. E se lembrava do medo que sentia, sabendo que membros da Ku Klux Klan estavam por perto.

"Era uma coisa horrível vê-los com aquelas vestes brancas, com tochas, atirando para o alto", escreve. "Não os víamos todos os dias, mas sempre os sentíamos."

Foi este tipo de medo geral que eu tinha em mente quando perguntei à Sra. Hines se tinha medo, mas ela estava pensando em outro tipo de medo, um medo pessoal. Ela disse, como se precisasse desabafar: "Eu não tenho medo de você."

Naquele momento, senti uma mudança em nosso relacionamento. Senti-me mais próxima dela. Passei o dia inteiro com Louisiana Hines, e quando fui embora acho que nós duas sentimos um entusiasmo que não havíamos sentido antes.

Quando fui para o aeroporto, ela embrulhou em papel laminado asas de frango fritas para mim, e comi enquanto esperava meu vôo atrasado no aeroporto de Detroit. Sentei-me e observei alguns advogados debatendo na CNN sobre urnas que deveriam ser recontadas na Flórida. Lambi os dedos e olhei à minha volta, certa de que mais ninguém naquela área de embarque estava comendo asas de frango frito por uma mulher de 100 anos.

Um mês depois de minha entrevista com a Sra. Hines ir ao ar, recebi uma carta de um advogado da cidade de Washington, chamado Lairold Street. Passou anos pesquisando a história da família no Alabama e achou que poderia ser aparentado da Sra. Hines. Ele me mandou alguns artigos escritos por ele e comecei a entender como poderia ser difícil para os negros americanos rastrear a história da família e como poderiam ser valiosas as lembranças de uma pessoa com 100 anos. Eu o coloquei em contato com a Sra. Hines.

Algumas semanas depois, enquanto conversávamos na casa dele em Washington, contei ao Sr. Street sobre minha conversa com a Sra. Hines e como ela disse que não tinha medo de mim.

— É claro, seria mais difícil para ela falar com você do que comigo — disse. Aparentemente ela pintou um quadro muito mais sombrio das experiências do avô quando conversou com o Sr. Street.

— É difícil para as raças conversarem, juntas, sobre a escravidão — acrescentou. — Há uma longa história de desconfiança.

Como ela poderia saber que eu acreditaria nas histórias dela? Talvez eu quisesse acreditar que os donos de escravos não eram tão cruéis. Como ela poderia saber?

A verdade é que não parei de pensar em como ela poderia reagir a mim, uma estranha, branca, que entra na casa dela e pede para ela dividir as histórias dolorosas do passado da família. Talvez isso explique por que ela ficou tão nervosa da primeira vez que nos encontramos e por que ela parecia estar se forçando a contar os bons atos dos brancos que ela conheceu, mesmo que eu continuasse perguntando sobre as coisas ruins.

É mais importante se lembrar da gentileza das pessoas, ela parecia dizer. "Significa alguma coisa fazer o bem", ela afirmou. "Tem um sentido. Quer dizer alguma coisa. Significa alguma coisa fazer o bem."

A Sra. Hines não está preocupada com o passado. Ela está pensando no futuro, no dia em que Jesus chegar.

— Sempre penso nisso — revelou. — Estamos em uma terra emprestada. Estamos aqui por pouco tempo. Não ligo para o que vão fazer comigo. Cavem um buraco e me joguem nele. Pode ser até em caixa de papelão. Mas não quero ser queimada.

— Não quer ser cremada? — perguntei.

— Não! Estou tentando ficar *longe* do fogo. Pode chamar de creme, ensopado, picadinho ou conserva, qualquer coisa, assado ou cozido, eu não quero! Cave um buraco e me joga na terra. E não precisam se incomodar em me levar para lugar nenhum, nem precisam me arrumar — pediu. — É só me colocar lá.

19

Harry Boeff

"Nossa, estou mesmo contando tudo, não estou?"

Escolher o centenário que encerraria a série foi surpreendentemente simples. Ele chegou a mim por um e-mail enviado pela vizinha. A referência ao assunto dizia "Meu centenário".

Meu vizinho de porta, Harry Boeff, fez 100 anos em 2 de outubro. Ele mora nesta rua desde 1926. Tem sido um modelo do que quer dizer ser bom vizinho e ainda é uma inspiração para todos que o conhecem. É chamado de "prefeito da Belmont St.", já que a porta, a da frente ou a dos fundos (o tempo é o fator decisivo), está sempre aberta e ele, pronto a receber quem queira ouvir histórias, pedir conselhos ou provar a 'beleza Boeff', as famosas sobremesas que crescem no quintal.

Fiquei imediatamente atraída pelo fato de ele estar morando em um lugar há tanto tempo. Fui a Rochester, Nova York, ver Harry Boeff. Era fim de novembro.

O céu estava fechado e cinzento, eu ia de Buffalo para o lago Ontário. Eu sabia a respeito da neve "efeito lago", já que cresci na margem sul do lago Michigan. Essas estradas ficavam facilmente cobertas por dunas de neve pela manhã.

Cheguei ao bairro do Sr. Boeff, no sudeste da cidade, e dei uma volta para me localizar. Havia um parque municipal perto, com arbustos lilases mais altos do que eu em todo o perímetro e uma série de fachadas restauradas no sul da Belmont Street, com algumas construções do século XIX. Algumas das casas na Belmont Street tinham três andares — casas grandes, antigas, com um espaço aberto entre elas e árvores na frente. Tinham grandes varandas e quintais com garagens de madeira, afastadas, e passagens pelos fundos. Pareceu-me familiar, como pequenas cidades em Indiana.

A vizinha de porta do Sr. Boeff, Barbara Mosher, que havia me mandado o e-mail, me recebeu em sua agradável casa. A cachorrinha, Pandora, um pastor inglês, era amistosa e cheirosa. O marido, Ralph, veio da marcenaria no porão. Eles se ofereceram para me mostrar uma fita do Sr. Boeff antes que fôssemos à casa dele.

Uma equipe de TV local foi à casa do Sr. Boeff durante a festa de aniversário de 100 anos para "acompanhar a passagem de um século para o outro".

O repórter fez ao Sr. Boeff a única pergunta que qualquer repórter faria em uma matéria rápida: Qual é o segredo de viver tanto?

Se não se tem o dia inteiro, se se tem apenas três minutos no noticiário noturno, é preciso fazer esta pergunta. Mas o Sr. Boeff sabe que não pode ser respondida em uma só frase, então ele diz a frase-feita e cai na risada: "Ficar longe dos médicos e comer muita bobagem."

O Sr. Boeff está à nossa espera. Ele abre a pesada porta da frente, e está sorrindo.

— Entrem. Cadê o bebê? — diz à Sra. Mosher. Ele fala de Pandora.

Está bem vestido, com uma camisa de flanela marrom e branca abotoada até em cima e uma boina preta com o distintivo dourado da promotoria pública, que ele também usou na entrevista da televisão.

Ele me leva até a cozinha para beber água. Na geladeira, vejo maçãs, latas de coca-cola e uma bebida vitaminada chamada "Boost". Ele me pede para pegar um copo no armário. As louças estão arrumadas, copos de boca para baixo. Quando volto, ele afirma: "Agora já sabe onde está tudo, fique à vontade."

Ele é fácil de lidar, risonho e aberto. Ouve e vê bem. Locomove-se com facilidade, apesar da rigidez. É pequeno, bonito. Não vejo o cabelo por baixo da boina, mas creio que seja louro ou ruivo. Eu me sinto com sorte e animada enquanto andamos pela sala.

Ele insiste que eu me sente na cadeira reclinável, em frente à televisão. É o posto de comando dele. Há um telefone e o controle remoto.

Deste ponto, ele consegue ver a calçada da frente e a rua à esquerda e, pela sala de jantar, o quintal à direita. Ele gentilmente senta no sofá.

Harry Boeff — a pronúncia é "Buff" — nasceu em Rochester em 1900, o quarto de seis filhos. Os pais eram imigrantes alemães. O pai era encadernador. Quando Harry tinha sete anos, a mãe morreu. Nos anos seguintes, os três irmãos mais velhos se mudaram, o pai anunciou que se casaria de novo e que se mudariam para Detroit.

Harry diz que gostava de lá. A madrasta era amorosa, ele tinha muitos amigos e era muito ligado ao irmão mais novo, Bill. Mas três anos depois, o pai quis se mudar para Chicago. Harry implorou para ficar. Ele trabalharia, disse, poderia cuidar de si.

— Eu disse a ele que poderia entregar jornais para viver. Concordaram em me dar uma chance, ver como eu me sairia. E Bill disse: "Quero ficar com Harry", então começamos a vida, Bill e eu, e assim foi dos 14 aos 17 anos.

Harry arrumou um emprego como entregador de pacotes para uma camisaria chamada Capper & Capper, por US$5 por semana. Era um lugar de luxo.

— Eu entregava pacotes para gente rica. Vi Edsel Ford uma vez — ele entrou e comprou um impermeável. Ele costumava encomendar camisas e gravatas. Se comprasse uma gravata lá, você não se veria indo e vindo. As gravatas custavam US$3.

Aos fins de semana, Harry vendia o jornal *Detroit Free Press*.

— Eu vendia o jornal matinal de domingo perto do Hoffman Hotel na Woodward Avenue. Eu pegava 300 jornais e ganhava um centavo para cada um. Com os US$5 que eu ganhava na Capper & Capper, eu podia comprar vales-refeição em um restaurante na Woodward, o Busy Bee. E morávamos naquela região, era o bairro das pensões.

Harry estava descrevendo o mesmo centro de Detroit onde Ruth Ellis vivera, as ruas e muitos prédios agora me eram familiares.

— Uma pensão tinha doze quartos, outra tinha quatro quartos. Outras tinham apenas armários enormes com uma cama de solteiro. Não havia luz, então acendíamos uma vela durante a noite. Mas o quarto era barato. Custava US$2,50. E a cama era tão estreita que meu irmão Bill nunca havia sido tão abraçado na vida. Eu tinha que tomá-lo nos braços para não cairmos.

A voz do Sr. Boeff fica baixa...

— Eram duas crianças — digo.

— É. Se a polícia descobrisse, nos colocaria em um abrigo ou nos mandaria para Chicago.

Ele abaixa a cabeça.

— Foram tempos difíceis? — pergunto.

Ele levanta a cabeça e luta contra as lágrimas.

— Foram... Quando me lembro... — Não consegue terminar a frase.

— Tinha de cuidar do seu irmão caçula — digo.

— Sim. Comíamos em um restaurante com um vale-refeição. Tomávamos muita sopa. E Bill estava sempre pegando os meus. No fim do mês, se ele ficasse sem vales, eu dizia para pegar os meus, o que ele fazia. Mas nos saíamos bem, não arranjamos problemas.

— Alguém devia estar de olho em vocês. Mas pelo menos não os entregou às autoridades, duas crianças sozinhas.

— Era um bairro perigoso, sabe. Bêbados, essas coisas. Às vezes sentíamos medo de algumas pessoas, então procuramos outro quarto. De todas as senhorias que tivemos, nenhuma jamais nos convidou para comer.

O Sr. Boeff está triste, não zangado. Ele não foi abandonado, fez a escolha errada.

— Não sei como sobrevivemos — diz.

— Sabe, Sr. Boeff, estou impressionada por seu pai permitir que ficassem em Detroit sozinhos. É inimaginável para mim que um pai deixe dois filhos assim.

— Bom, ele confiava em mim. Meu pai disse: "Harry é um bom menino. Ele sabe o que está fazendo." As últimas palavras dele para mim, em alemão, foram: "Se acontecer alguma coisa, não vá para cama chorando, sozinho. Mande um telegrama." E eu escrevia para ele quase todos os dias, contando como estávamos. Eu dizia a meu pai nas cartas, de hora em hora, o que fazíamos. Disse que estávamos indo bem.

Finalmente, um dos irmãos mais velhos convenceu-o a voltar para Rochester. Ele e Bill arranjaram empregos e logo Harry já ganhava um bom dinheiro na fábrica local de sapatos.

— Sessenta dólares por semana! Eu disse a meu irmão Bill: "Você tem um irmão que vai ser milionário!" Todas as semanas eu ia até um banco no State Street, a um quarteirão de onde eu trabalhava, e depositava todo o meu pagamento. Eu disse: "Vou ter mil dólares e, quando eu tiver, você não vai poder encostar em mim." Logo, eu tinha mil dólares naquele banco.

Então Harry Boeff descreveu festas e garotas.

— Naqueles dias, todos tinham um piano. Ou se tinha um fonógrafo ou um piano. O que fazíamos, as garotas se juntavam, seis delas, e conheciam uns sujeitos e havia seis rapazes e seis moças e íamos para a casa de uma delas, tocávamos piano, cantávamos, o pai e a mãe dela ficavam lá, a mãe servia rosquinhas e tomávamos sidra de maçã. Havia uma festa em todos os sábados à noite. Na primeira festa a que fui, tirei Detroit da cabeça. Eu nem pensava mais nas garotas de Detroit e aqui as garotas eram gentis, pé no chão. Eu me apaixonei por todas elas.

As lembranças são muito claras. Ele vê as garotas em sua mente e irradia alegria. Era 1920 quando ele resolveu se casar.

— Sr. Boeff, pode me contar essa história?

— Bom, você não acreditaria — brincou. — Eu vou contar desde o início, como aconteceu. Eu sempre me refiro a ela como Sra. Boeff, mas vai ser Florence para você.

O Sr. Boeff me inclui na história. Ele não está apenas se lembrando, está falando comigo. Para cada pergunta que faço, há uma história e ele diz: "Você vai adorar essa" ou "Essa é ótima", como se ele estivesse esperando que eu fosse até lá e perguntasse sobre a vida dele. Ele não é egocêntrico; ele se diverte com os fatos da própria vida e com a boa memória. "Sabe, me lembro muito bem", ele dirá. Quando ele conta essas histórias, não se parece com uma performance, mas demonstra generosidade.

Talvez eu seja melhor ouvinte hoje do que era há um ano, nem tão preocupada em fazer as perguntas "certas", nem em procurar o sentido da vida, nem em buscar a chave para a minha própria felicidade no futuro. Apenas escutava, finalmente, não analisava nem julgava. É um bom sentimento para mim, e para ele também, acho.

O Sr. Boeff parece genuinamente feliz por ter a chance de falar de Florence, com quem ficou casado por 76 anos e meio.

Eles "faziam companhia" um ao outro por três anos antes do casamento. Ele é meio vago sobre o lugar em que se conheceram. Pode ter sido em uma das festas no ano seguinte à volta dele de Detroit, em 1918.

Naquela época, as fábricas de calçado em Rochester entraram em greve, ninguém estava trabalhando, e Harry ia pescar todos os dias com alguns amigos. Depois de um tempo, os rapazes arranjaram empregos na ferrovia, mas Harry não era musculoso o bastante para o tipo de trabalho, então esperou a greve acabar e voltou para a fábrica de calçados. Mas enquanto esperava, ele foi "abandonado" pelos amigos de pescaria durante o dia e só podia ver a namorada em algumas noites.

— Quando você saía com uma garota, era só às terças, quintas e sábados. Eram noites de namorar. Se saísse com uma garota em outra noite qualquer, tipo uma quarta-feira, as pessoas diriam: "Ele está traindo" ou "Ela está traindo", porque não era noite de namorar.

— Fiquei tão sozinho que pensei: "Vou ficar louco se não me casar", então fui até a casa dela naquela noite e contei a ela a história. Eu disse: "Estou melancólico e quero me casar." E ela disse: "Quando?"

"Amanhã." Ela disse: "Não podemos nos casar amanhã, temos que nos preparar." E eu disse: "Tudo bem."

Três semanas depois, eles se casaram e se mudaram para a casa dos avós dela. Harry Boeff constituiu uma família própria e nunca mais sentiu a solidão daqueles quartos escuros das pensões de Detroit.

Harry e Florence se mudaram para a Belmont Street em 1926, tiveram um filho e lá ficaram. Harry trabalhava na fábrica de calçados, economizando em tudo que podia.

— Nunca comprei ações. Seria como jogo de azar. A única coisa que fiz, quando juntei meus primeiros US$10.000, foi comprar um título bancário. Foi assim, e com o meu trabalho, que ganhei dinheiro. Paguei esta casa em sete anos e meio, porque pretendia ficar aqui pelo resto da minha vida.

— Sabia disso desde o início? — pergunto.

— Eu sabia que ficaríamos aqui. Gostei desde o começo. Tinha um quintal grande, sempre tivemos jardim. Sempre foi o nosso castelo.

Depois de adulta, nunca tive essa sensação, a de que ficaria no mesmo lugar pelo resto da minha vida. De algum modo acho que deveria. Meu marido e eu chegamos a comprar duas casas, e em ambas ocasiões o sentimento que passou pela minha cabeça era como a sombra de um pássaro, mas que nunca chegou a cantar. Talvez eu tenha viajado demais, tenha herdado um gene errante. Acho que seria diferente se eu tivesse filhos. Talvez por isso não tenha tido.

A certeza de Harry Boeff me intriga também. Aos 21 anos, ele quis se casar e ficar no mesmo lugar pelo resto da vida. No dia em que fiz 21 anos, acordei em um saco de dormir, acampada nos arredores de Marrakesh, no Marrocos. Eu só tinha certeza de que queria mais aventura.

O Sr. Boeff nunca viajou pelo mundo, nem dirigiu um carro. Ele ficava feliz em deixar Florence dirigir. Tinha um bom emprego, uma casa com um quintal grande e uma varanda. Às vezes ele e a Sra. Boeff dormiam na varanda, ele conta, "olhando a lua e conversando até cair no sono". Ele amava a esposa e o filho. Não era solitário. Não estava em busca de nada. Harry Boeff tinha tudo o que queria aos trinta anos.

Na Belmont Street, ele conhecia todos. Emprestava ferramentas, dava conselhos. Certa vez, quando uma vizinha desmaiou, o marido foi correndo chamar Harry. Ele foi ajudar e disse aos filhos dela para "ficar para trás e rezar", mas a mulher morreu nos braços dele.

A única pessoa que morava naquela rua há mais tempo do que Harry era uma mulher chamada Catherine, hoje com 88 anos. Ela ainda estudava quando ele se mudou para lá. O marido dela morreu quando ela estava na casa dos 40 anos, e deixou-a com três meninas. Harry ia à casa delas todos os dias. De sua casa, Henry vê a casa dela do outro lado da rua.

Hoje ele consegue contar a história de todas as casas do quarteirão: quem se foi, quem chegou. Ele é especialmente próximo aos Mosher. Barbara faz compras de mercearia para ele e todas as manhãs verifica se ele apanhou o jornal na varanda. Se ainda estiver lá às nove, ela bate à porta. Pandora, a cachorrinha, passa horas com o Sr. Boeff. Ela costuma ficar no quintal com ele, quando o tempo está bom, olhando as framboesas.

O Sr. Boeff aposentou-se da fábrica de calçados assim que pôde. Diz que deu um beijo de despedida no portão principal e nunca mais voltou.

— Eu queria esquecer. Percebi que tinham ficado com os melhores anos da minha vida e agora que estava livre como um pássaro, eu ia voar de árvore em árvore, e me divertir com minha garota — Florence —, e assim foi.

Eles decidiram viajar, mas antes ele tinha que colocar algumas coisas em ordem. No primeiro ano, ele pintou a casa. No segundo ano, colocou dentadura. ("Nossa, estou mesmo contando tudo, não estou?") Decidiram ir a Fort Lauderdale e voltavam todos os anos para o mesmo hotel.

— Aproveitamos cada momento de nossa aposentadoria, até perto do fim, quando ela não estava muito bem — lembra.

Pararam de viajar nos anos 80, porque a artrite havia enfraquecido as pernas de Florence e então, em 1990, ela teve um derrame. O Sr. Boeff cuidou dela em casa, mas havia vezes em que ela não conseguia comer.

— Eu dizia a ela para agüentar firme, e ela agüentava — conta. — Cuidava dela, então ela estava comendo bem.

Ele fazia pudim de baunilha, sanduíches quentes de queijo, cachorro-quente, tudo o que ela quisesse. A Sra. Mosher conta que, de sua cozinha, costumava ouvi-lo cantar para Florence todas as manhãs. Ele fez o melhor. Ela viveu até os 96 anos.

— Eu a levei para o hospital no sábado e ela morreu no domingo. Foi tão repentino que custei a me recompor. Quando ela estava lá, e preparavam o corpo, só entrei uma vez. Eu achava que era só o que conseguiria. E então houve uma grande nevasca e não conseguiram levá-la para o cemitério. Para mim, estava tudo bem. Eu não agüentaria entrar naquele carro e ir quarteirão por quarteirão. Eu não conseguiria cuidar daquilo. Eu não conseguiria tomar as providências que deveriam ser tomadas. Entreguei o talão de cheques para meu filho, Harry, e disse: "Você cuida de tudo", e ele cuidou.

A noite foi o momento mais difícil para o Sr. Boeff. Ele e Florence dormiam em quartos separados, um em cada ponta do corredor.

— Ela me chama de Buffy, às vezes Harry ou pai. Acredite se quiser, naquela noite, ela estava lá. Eu a ouvi dizer: "Buffy" e eu respondi: "O quê?" E foi o que houve. Agora mantenho a porta do quarto dela fechada e só passo quando vou ao banheiro ou vou para o meu quarto. Deixo tudo como está.

Olha para baixo, triste.

— Os primeiros meses foram péssimos, sabe? — lamenta. — Você se senta à mesa e está sozinho. Eu tenho um amigo chamado Gordon, a esposa dele morreu logo depois da Sra. Boeff e ele fala como se fosse se suicidar, sabe? E eu disse a ele: "Levante a cabeça. Mostre ao mundo que é um homem, sabe? Seja forte. E peça ajuda."

Ele aponta para o céu.

— Você vai ficar bem.

O Sr. Boeff e eu conversamos por dois longos dias. Não havia nada que ele não contaria e, parecia, nada de que não conseguisse se lembrar. Ele consegue contar histórias inteiras da vida de pessoas que conhecia, completar com citações e nunca perder o fio da meada, nem fugir do assunto. Ele me mostrou a foto do casamento, o que tinha na geladeira, o lugar em que se sentava na cozinha com Florence. E me dava maçãs e copos de água gelada e me contou sobre os programas favoritos da TV. (Assiste ao que chama de "os juízes", três programas seguidos sobre julgamentos.) Ele se lembra de crianças nadando no Erie Canal; da tia lendo em voz alta a respeito do naufrágio do *Titanic*; de vender jornais nas ruas de Detroit em 1914 quando a manchete trazia "GUERRA". E me contou piadas que ouvira em shows de vaudeville. Ele se lembra do nome da canção que o vizinho tocava todos os dias ("That Old Gang of Mine"). Ele se lembra de ouvir a estação de rádio KDKA, de Pittsburg, e também do dia em que o fundador da Eastman Kodak, George Eastman, se matou em sua mansão, não muito longe daqui. (Ele e Florence passaram pela casa pouco depois. Ele diz que sempre pensa se o corpo já estava caído no chão quando passaram.)

Ele se recorda de imensas paradas no centro de Rochester para comemorar o Ato de Reconstrução Nacional, de 1933, e me contou sobre os treinamentos aéreos na Belmont Street durante a guerra. Ele se lembra dos vizinhos que vinham comer rosquinhas e ver lutas na televisão quando ele foi o primeiro a comprar o aparelho no quarteirão.

Mas finalmente tive de ir embora. Uma grande nevasca se aproximava e o Dia de Ação de Graças também. Não senti a tristeza que senti tantas vezes ao me despedir de outros centenários. Eu tinha certeza de que voltaria a ver o Sr. Boeff. Havia acabado de completar 100 anos, a saúde estava excelente e, se ele conseguisse atravessar o inverno, quando era muito difícil sair, ele ficaria bem, pensei.

Ficamos à janela, observando o quintal congelado e a garagem onde ainda estava o carro da Sra. Boeff. Ele me convidou para voltar no verão, e me mostrou onde ficavam as espreguiçadeiras. Poderíamos nos sentar, conversar, observar os pássaros e admirar as framboesas.

— Sabe, comecei com três arbustos há 42 anos, e veja o resultado — apontava-me as framboesas.

— Quem as batizou como "belezas Boeff"? — pergunto.

— Bom, pertencem a Boeff, então eu as chamei de "belezas Boeff".

— Qual é o sabor?

— Fora deste mundo. Cheguei a colher 400 galões em um ano.

— O que faz com tanta framboesa?

— Distribuo entre os amigos — responde — e não tenho inimigos. Sabe, se não tem inimigos, não tem o que temer.

Posfácio

Quando se tem 100 anos, a expectativa de vida é, sem dúvida, de pouquíssimos anos. Eu sabia disso quando comecei a entrevistar essas pessoas, mas isso não me deixou preparada. Victoria Williams, em Washington DC, morreu primeiro, depois Ella Miller, na Virginia, e Mona Breckner, em Minnesota. Ruth Ellis morreu em casa, em Detroit, seis meses depois que a conheci. Margaret Rawson teve uma morte tranqüila em casa, entre amigos, em Frederick, Maryland, assim como Marion Cowen, no apartamento com vista para o Pacífico em San Francisco.

R.L. Stamper, no rancho em Oklahoma, teve apenas nove meses com a esposa, Josephine. Ela foi ao funeral dele pela manhã e voltou para a família, em Shreveport, à tarde. Gilber Hill perdeu Sadie no verão passado, um mês depois do 81º aniversário de casamento, e está tentando se adaptar a um lar no centro da Flórida. Ele disse a um jornalista: "Ela era a minha maior metade." Harry Shapiro também está sozinho agora, na cidade de Nova York, e está achando mais difícil pensar, ele diz, porque "alguma coisa flui dentro de mim".

Recentemente telefonei para a casa do Sr. Boeff em Rochester, como faço de vez em quando. Sofreu uma cirurgia no inverno passado e, apesar de ter odiado ficar longe de casa, ficou feliz porque todas as enfermeiras do hospital foram ver o homem de 100 anos. Ao telefone, ele cantou antigas canções, contou piadas e disse que tinha framboesas na geladeira me esperando. Fiz uma visita a ele no verão passado e aceitei o convite para dormir no quarto de hóspedes. Ele fez um belo jantar, asas de frango com batata, e me preparou o café-da-manhã.

Passei mais tempo com Anna Wilmot, também, na casa do lago no oeste de Massachusetts. Alguém roubou-lhe os remos no verão passado e os novos foram entregues pela Associated Press, então ela se tornou uma celebridade local. O inverno foi duro com ela. A artrite nos joelhos é grave, mas ela prometeu que me levaria com ela no barco quando eu fosse ao seu 104º aniversário.

O professor Goldstein ainda é orientador no Baruch College, aos 103 anos. Uma colega disse que esbarrou com ele em um mercado há pouco tempo. Vi Helen Boardman pouco antes do Natal. Ela falou numa conferência estadual sobre idosos em Chicago por 25 minutos, de improviso, e foi ovacionada. Louisiana Hines está florescendo, também, ainda em sua casa no lado oeste de Detroit.

Novos centenários estão entrando em minha vida agora. Entrevistei uma senhora que os demógrafos chamam de "supercentenária" — com mais de 110 anos. O nome dela é Verona Calhoun Johnston, nascida em 1890. Enxerga mal, mas é lúcida e enérgica. E esta manhã, ao me sentar em meu computador, apareceu na tela uma foto do "homem mais velho do mundo", Yukichi Chuganji, do Japão, nascido em 23 de março de 1889. Está sentado, uma jovem mulher — filha? esposa? jornalista? —

ao lado dele. O rosto é radiante; tem longos lóbulos e a cabeça é coroada com o cabelo fino.

E, claro, sou uma leitora ávida de obituários agora, procurando centenários e me doendo um pouco quando leio sobre alguém que eu gostaria de ter conhecido, como Harley Utz, de Greenville, Ohio, que morreu aos 103 anos e ficou casado por 83 anos, e Frieda Mae Hardin, que entrou para a Marinha americana em 1914. Eu não cheguei a conhecer Maude Rutherford, também, que havia sido dançarina no Cottom Club no Harlem, e dizia ter introduzido o charleston na Broadway. Também perdi a irmã Martha Pellow, 111 anos, a freira mais idosa do país; um homem de 107 anos de Washington, DC, chamado Preston Williams, um antigo condutor de bondes puxados a cavalo, que doou o corpo ao centro médico da Georgetown University porque "alguém poderia querer descobrir por que eu não morria".

Bem sei que para cada centenário lúcido, engraçado, carismático que conheci, há três ou quatro deprimidos, doentes e solitários, e provavelmente ficam mais esquecidos, sem maiores atenções. Não sei como mudar isso, mas o conselho de que se lembrassem dos mais velhos, e a simples lembrança de cumprimentar quem está sentado, sozinho, é um ponto de partida.

O pai do meu pai, Nikola Elezovich, morreu quando eu tinha 14 anos, e não o conheci bem. Achava que ele era misterioso e distante. Veio adolescente para os Estados Unidos, da ilha de Šolta, na costa da Croácia. Nunca falou muito bem o inglês, mas meu pai sempre me lembrava como meu avô era sábio e carinhoso. Ele gostava de dizer: "Não custa nada cumprimentar", mas tive que cair no mundo e ouvir isso de um estranho para compreendê-lo.

Minha avó Riketa vai fazer 100 anos neste verão. Pretendemos fazer uma grande festa, é claro, mas estamos todos receosos de que ela não chegue lá. Ela tem andado fragilizada e reclusa, ultimamente. Janeiro passado ela viu pela primeira vez o bebê recém-nascido de minha irmã, Isaac. Enquanto andávamos lentamente do quarto dela para a sala, com os tornozelos muito inchados, ela pegou o meu braço e colocou a outra mão na parede, para se apoiar. Percebi que o braço dela estava tão fino que o relógio estava quase no cotovelo. Quando viu o novo bisneto, no entanto, o seu rosto se iluminou de um modo que eu não via há muito tempo.

Sempre foi uma pessoa exigente, forte e cheia de opinião, mas nunca se esquecia de nossos aniversários e parecia bastante agradecida por ter chegado tão longe na vida. Como meu avô, ela nasceu em uma ilha rochosa no Mar Adriático, onde carregava água do poço na cabeça e fazia pão no forno comunitário. Sempre foi cheia de conselhos bem intencionados também, mas os dela vinham levemente confusos porque, como ela diz: "Esqueci a minha língua-mãe e nunca aprendi o inglês." Quando fui para a universidade, ela me falou: "Cuide do seu cérebro, pode precisar dele algum dia."

Fico nervosa com a idéia de minha avó ir embora. Não consigo imaginar a minha vida quando as pessoas que eu mais amo forem para a outra margem do rio. Acordo às quatro da manhã e fico preocupada em ser a última sobrevivente, e que ter uma vida longa não seja uma dádiva, mas um pesadelo. Mas na maior parte das vezes, tenho esperança de que as coisas fiquem bem, e sei que tenho opções. Minha família e meus centenários me mostraram o que é mais importante na vida e sei que o resto depende de mim.

NEENAH ELLIS
Março de 2002
Takoma Park, Maryland

A Autora

NEENAH ELLIS, ex-produtora do programa *All Things Considered* (Levando-se em consideração), da rádio NPR, é repórter e produtora free lance que trabalhou para o canal a cabo Discovery, a estação de rádio NPR, o US Holocaust Memorial Museum e o National Park Service. Neenah vive com o marido, Noah Adams, em Takoma Park, Maryland.

Visite o site www.ifilivetobe100.com para ver fotos e ouvir os arquivos de áudio dos centenários.

Impressão e acabamento: **GRÁFICA PAYM**
Tel. (011) 4392-3344